Joseph Girgensohn

Kritische Untersuchung über das VII. Buch der Historia Polonica des Dlugosch

Joseph Girgensohn

Kritische Untersuchung über das VII. Buch der Historia Polonica des Dlugosch

ISBN/EAN: 9783744609500

Hergestellt in Europa, USA, Kanada, Australien, Japan

Cover: Foto ©Thomas Meinert / pixelio.de

Weitere Bücher finden Sie auf www.hansebooks.com

Kritische Untersuchung über das VII. Buch

der

HISTORIA POLONICA

des

Dlugosch.

Inaugural - Dissertation

zur

Erlangung der philosophischen Doctorwürde

an der Universität Göttingen

von

J. Girgensohn

aus Livland.

Göttingen,
Universitäts-Buchdruckerei von E. A. Huth.
1871.

Meiner Mutter.

Vorwort.

Es standen mir bei Abfassung vorliegender Untersuchung einige Schwierigkeiten im Wege, die ich nur zum Theil habe in den Nachträgen beseitigen können. Namentlich fehlten mir einige Urkundenbücher, die manche Stelle besser erklärt hätten, als es ohne sie geschehen konnte. Eine andere Schwierigkeit bildete die Form der Abfassung, die vielleicht hätte für einen weiteren Leserkreis berechnet sein müssen, als wie sie nun vorliegt. Indessen hätte eine lesbarere, mehr zusammenhängende Darstellung die Benutzung der Quellennachweise nur mühsamer gemacht.

Für Uebersendung von Handschriften und andere Mittheilung sage ich den Herren Proff. *H. Zeissberg, C. Schirren*, Drr. *Max Perlbach, W. Arndt, G. Berkholz, Goll* und stud. hist. *Smolka* meinen besten Dank.

Vor Allen aber ist es mir eine angenehme Pflicht, meinem hochverehrten Lehrer, Herrn Professor *Georg Waitz*, der auch dieser Untersuchung seine Theilnahme geschenkt hat, an dieser Stelle meinen aufrichtigsten Dank auszusprechen.

Wolmar in Livland, Aug. 1872.

Joseph Girgensohn.

Einleitung.

Von Italien war die Wiederbelebung des classischen Alterthums, die Cultur des Humanismus, die Grundlage unserer modernen Wissenschaft ausgegangen. Von hier aus verbreiteten sich in die benachbarten Länder neue Ideen auf fast allen Gebieten der Erkenntniss.

Auch die Geschichtsforschung erhielt in jener Zeit einen neuen Impuls. Wurde die historische Darstellung auch anfangs mehr, als es wünschenswerth gewesen wäre, von der Poesie und der Rhetorik beeinflusst, so musste doch zuletzt „die rationelle Behandlung aller Stoffe bei den Humanisten auch dem historischen zu Gute kommen" [1]. Besonders wichtig war es, dass die Beschäftigung mit dem classischen Alterthum auch das Interesse für die nähere Vergangenheit, für das Mittelalter weckte. Manche Hervorbringung aus dieser Zeit ist uns allein bei den Humanisten erhalten; ich erinnere nur an den Ligurinus. Unter italienisch-humanistischem Einfluss schrieb Wimpheling die erste Deutsche Geschichte.

Aber auch bis in das ferner gelegene Polen reichte die Wirkung jener neuen Bildung. Hier entstand schon gegen Ende des XV. Jahrhunderts die Geschichte Polens von dem humanistisch gebildeten Cracauer Canoniker Johannes Dlugosch.

Dieser Zusammenhang flösst ein culturgeschichtliches Interesse ein. Das Werk verdient aber noch eine andere Würdigung. Die Vollständigkeit, mit der uns die historischen Daten der polnischen Geschichte überliefert werden und die

---

[1] Burckhardt, die Cultur der Renaissance in Italien S. 242.

relative Lesbarkeit der Darstellung haben der „Historia Poloniae" des Dlugosch zu einer Autorität verholfen, die alle älteren Aufzeichnungen verdrängte und alle späteren Darstellungen beherrschte. Erst in neuerer Zeit hat man angefangen, wieder auf die älteren Chroniken und Annalen Rücksicht zu nehmen, sie durch den Druck allgemeinerer Benutzung zugänglich zu machen, und endlich in der letzten Zeit, diese älteren Nachrichten mit dem Berichte bei Dlugosch zu vergleichen.

Ist auch für diese kritische Würdigung unseres Autors durch Voigt, Palacky u. a., besonders Röpell in seiner Geschichte Polens im Einzelnen so viel gethan, dass man über den historischen Werth, oder vielmehr Unwerth dieses Werkes für die älteren Theile bis ins XV. Jahrhundert im Allgemeinen nicht mehr zweifelhaft ist; so fehlt es bisher doch an einer zusammenhängenden, ins Detail gehenden Forschung, die das allgemeine, ungünstige Urtheil einerseits, und andrerseits die bis auf unsere Tage fortdauernde Berücksichtigung durch die Geschichtschreiber genügend erklärte.

Diesem Bedürfnisse kann nur durch eine kritische Ausgabe des ganzen, beinahe zwei Foliobände umfassenden Werkes vollständig abgeholfen werden, und ist man auch schon seit Jahren mit einer solchen Arbeit beschäftigt, ohne damit zu Stande gekommen zu sein. Es fehlt eben noch sehr an Einzeluntersuchungen. Die einzige, die mir bekannt geworden, ist von R. Herde[1]) geführt. Er hat die Quellen der historia Poloniae für das X. Buch möglichst vollständig nachzuweisen gesucht. Vorliegende Arbeit hat es mit dem VII. Buch zu thun, das den Zeitraum von 1241—1294 umfasst. Gerade die Geschichte dieser Jahre hat durch die neue Ausgabe der polnischen und schlesischen Annalen in dem XIX. Bande der Mon. G. h. neues Licht erhalten. So wird es vielleicht möglich sein, dieses Stück der Dlugossischen Erzählung ziemlich vollständig in die Quellen zu zerlegen, be-

---

[1]) Quaestiones de fontibus, quibus Dlugossius usus sit . . . in disputationem adhibito libro decimo. Bresl. Diss. 1865.

sondern da uns die Geschichte Polens von Röpell als zuverlässiger Wegweiser für viele Stellen zur Seite steht.

Ehe wir zur Detailuntersuchung übergehen, möchte eine allgemeine Charakteristik des Dl. am Platze sein. Manche Wiederholungen können so vermieden werden.

Wir besitzen eine vita unseres Verfassers, die wegen ihrer grossen Ausführlichkeit von einem vielleicht etwas späteren Zeitgenossen herzurühren scheint 1). Johannes von Niedzielsko aus dem Geschlechte der Wieniawa war der Sohn eines angesehenen Starosten der Stadt Korczyn, besuchte schon seit seinem sechsten Lebensjahr (er war 1415 geboren) die Schule und studirte dann auf der Universität Cracau. In Folge eines Confliktes mit einem dortigen Professor verfeindete er sich mit seinem Vater, der ihn nicht länger unterstützen wollte; und der junge Student musste sich nach einer selbstständigen Stellung umsehen. Nach einigen vergeblichen Versuchen, sich einem anderen, als gelehrten Beruf zu widmen, gelingt es ihm, bei dem Bischof Zbigneus von Cracau Dienste zu nehmen. Hier zeichnete er sich durch Verstand und Fleiss so aus, dass er trotz vieler Anfeindung von Neidern immer höher im Vertrauen seines Gönners stieg. Auch nach dem Tode des letzteren nahm er als Cracauer Canoniker eine angesehene Stellung ein, sorgte durch Anschaffung von Reliquien, Erbauung mehrerer Gebäude u. s. w. eifrig für Kirche und Schule. Allein, während so Alles glücklich zu stehen schien, ruhten seine Feinde nicht. Es gelang, den Dl. beim Könige zu verdächtigen, und ihn endlich in eine zweijährige Verbannung zu treiben. Man soll ihm sogar nach dem Leben getrachtet haben. Nach abgelaufener Frist aus der Verbannung (auf der Burg Melztyn) zurückgekehrt, versteht er es, die Gunst Kasimir IV. wiederzuerlangen und zwar in so hohem Grade, dass er nach kurzer Zeit als Rath des Königs eine wichtige

---

1) Gedruckt vor der hist. Pol. in der Dobromilschen Ausgabe von 1615, ebenso in der Leipziger von 1711. Vergl. Jul. B(artoszewicz) in: Encyklopedyia Powszechna. B. VII, p. 186 ff.

politische Stellung im Reiche einnimmt; die wichtigsten Staatsgeschäfte werden ihm anvertraut, er erscheint als Gesandter in Preussen, Ungarn, Böhmen, Deutschland, Italien etc. und verbleibt in dieser Stellung bis an sein Ende, das am 10. Mai 1480 erfolgte, kurz nachdem er seine polnische Geschichte beendete [1]).

Wir sehen, Dl. befand sich in der günstigsten Lage für seine Aufgabe. Ausserdem erfahren wir ausdrücklich, dass er seine Anwesenheit in fremden Ländern dazu benutzte, Material für seine polnische Geschichte zu sammeln [2]). Aus fast allen Nachbarländern Polens sind historiographische, aus Preussen auch urkundliche Aufzeichnungen von ihm herangezogen; und manche Nachrichten über diese Gegenden sind nur noch bei ihm erhalten. Leider wird aber das Verdienst des Sammelfleisses durch die ungenügende Bearbeitung des Materials sehr beeinträchtigt, denn er ist gerade in denselben Fehler verfallen, den er den Italienern vorwirft, den Inhalt im Verhältniss zur Form zu vernachlässigen.

In der Dedikation seines Werkes an den Bischof Zbigneus von Cracau spricht Dl. sich selbst über seine Arbeit in längerer Auseinandersetzung aus, und wir können uns gerade aus ihr manche Mängel und Fehler derselben erklären.

Da heisst es gleich zu Anfang: Zum Lobe der gebenedeiten Dreieinigkeit, zur Mehrung der Rechtgläubigkeit, dem Vaterlande und Dir, verehrtester Vater, zu Ehren und Schmuck habe ich es unternommen, die Geschichte Polens und der benachbarten Länder zusammenzufassen und dem Papier anzuvertrauen. Nicht stütze er sich, fährt er fort, dabei auf sein Genie oder seine Schreibekunst; es schmerze ihn nur, dass viele herrliche Thaten der Vorfahren wie der Zeitgenossen auf ewig der Vergessenheit anheim fielen; zudem habe ihn der Bischof Zbigneus selbst zur Arbeit ermuntert und ihn reichlich mit historischem Material unterstützt. Dann lässt er

---

[1]) Seine Grabschrift bei Starovolski a. a. O. und die historia Pol. zum Schluss des Jahres 1480.
[2]) Vergl. die unpaginirte vita und SS. rer. Pruss. 1, 665 n. 1.

sich näher über die Gesichtspunkte, die er bei Abfassung seines Werkes im Auge behalten, aus. Einige, sagt er, schreiben Geschichte, um sich bei den Zeitgenossen und bei der Nachwelt Ruhm zu erhaschen, wie Livius; andere, um denen zu danken, deren kriegerische Tüchtigkeit sie loben; wiederum andere wählten diese Art der Arbeit als Augenzeugen grosser Thaten. Mich hat keine dieser Ursachen, sondern allein die Grösse der Thaten selbst, die mit dem Schleier der Vergessenheit bedeckt waren, und die Liebe zum Vaterlande dazu getrieben, diese schwierige Aufgabe zu ergreifen, indem ich so, so viel an mir liegt, den Schmuck, den das Vaterland verdient, ihm zurückgebe.. Die Kenntniss der Geschichte, von den Weisen die Mutter der Tugend und die Lehrerin des Lebens genannt, bringt ja, wie alle wissen, dem menschlichen Geschlechte nicht weniger Nutzen als die Philosophie

Dieser Gedanke wird dann noch weiter ausgeführt und unten noch ein Mal wiederholt.

Die Aufgabe der Geschichte, erkennt er richtig, wird also eine sehr hohe sein, und (fährt er fort) ich bin vollkommen darauf gefasst, von vielen Seiten angegriffen zu werden. Fehler und Unvollkommenheiten werden mir vorgeworfen werden. Ich kenne den Zug unserer Zeit, die Nichts anerkennen will als Italischen Glanz, von dem ich, wie ich selbst weiss, weit entfernt bin. Die Neuen und Neidischen tadeln das Alte, während sie ihrem eigenen Talente misstrauen, und suchen andere sowohl durch Tadel und Verkleinerung als auch nach ihrer Manier durch ihre Sitten in anstössiger Weise zu reizen [1]).

Dieser Satz geht auf die humanistische Geschichtsschreibung in Italien, die ihr Vorbild in der Darstellung des Livius sah, die geradezu den Grundsatz aufgestellt hatte, man müsse durch Stylmittel den Leser aufregen, reizen, erschüt-

---

[1]) Reprehendunt vetustatem novi et invidi, qui suo diffisi ingenio, caeteros obloquendo detrahendoque et suo instituto utendo moribus impudenter lacessere contendunt.

tern ¹). Diese verwirft hier Dl., wie er am Anfang seiner Vorrede den Livius selbst verurtheilt hatte. Es ist leicht möglich, dass diese Worte sich speciell auf Aenea Sylvio beziehen, in dessen böhmischer Geschichte Dl. den Hang zur historischen Malerei nach Art der Römer und die damit zusammenhängenden Mängel vielleicht schon erkannte ²). Wie wir die Verwerfung dieses „Italischen Glanzes" nur anerkennen können, so müssen wir auch manchem anderen Grundsatze, den Dl. in seiner Einleitung entwickelt, zustimmen; z. B. man solle sich bei der Darstellung der Ereignisse vor gehässiger, wie allzu sympathischer Beurtheilung, vor jeder Entstellung, wie vor dem Gesang der Syrenen hüten; die schriftlichen Aufzeichnungen seien die sicherste Quelle historischer Erkenntniss; was allein in der Tradition erhalten sei, habe er so vorsichtig und unverfälscht, wie möglich, beschrieben; möglichst vollständig habe er aus Kirchenarchiven und Bibliotheken sein Material gesammelt.

Es ist nun interessant zu sehen, wie nicht nur im Werke selbst, sondern schon gleich in der Einleitung ganz andere Grundsätze hervortreten.

So Manches, heisst es hier an einer anderen Stelle, was in der Vorlage gar zu unbeholfen oder gar zu unsicher mitgetheilt war; was den Thaten oder Worten Unehre machen würde, habe ich ausgelassen ³); d. h.: ich habe nach meinem subjektiven Urtheil Manches wegfallen lassen, was mit der übrigen Darstellung nicht gut zusammenpasste.

Noch schwieriger lässt sich folgender Satz mit der Polemik gegen Livius und dessen Nachahmer vereinigen: Ich wollte, ich könnte knapp im Ausdruck sein. Aber die lange Reihe der Thatsachen wird unverständlich, wenn sie mit kurzen Worten zum Besten gegeben wird, und gewährt dem

---

¹) Burckhardt a. a. O. S. 238 f.
²) Vergl. Palacky, Würdigung der alten böhm. Geschichtsschreiber. S. 250.
³) Plura vero, quae parum concinne parumque vere inserta fuerat, allatura factis aut dictis pudorem, omisi.

Leser nicht das geringste Vergnügen, wenn man sie nicht in ausführlicher Beschreibung aufdeckt, beleuchtet und malt. Es ist auch besser, Manches mit Stillschweigen zu übergehen, als es in nüchterner und abgerissener Sprache zu berühren. Nach diesen Worten kam es dem Dl. also mehr auf eine gute Beschreibung der Thatsachen an, weniger auf die Vollständigkeit und Genauigkeit der Ueberlieferung. Bei Differenz der Schriftsteller, sagt er gegen den Schluss seiner Einleitung, über deren Faulheit und Nachlässigkeit ich mich gar oft habe ärgern müssen, bin ich in zweifelhaften Berichten und Dingen demjenigen gefolgt, zu dem mich entweder die Wahrscheinlichkeit der Thatsachen oder die Autorität der Quelle oder die verbreitetere Ansicht hinzog [1]).

Unter diesen unvollkommenen Ideen von historischer Kritik leidet dann auch die ganze Arbeit in der unglücklichsten Weise, wie wir unten eingehender für das VII. Buch darthun wollen; und es ändert wenig an der Sache, dass Dl. an einer anderen Stelle seiner Einleitung wieder die löblichen Principien ausspricht: dem Schriftsteller zieme es, Alles der Wahrheit nachzusetzen. Daher habe er Manches, was den Historien und Annalen der Polen zu wenig elegant und zu wenig anständig und Ekel erregend eingestreut ist, abgeschnitten und zurückgewiesen, indem er, was nach Albernheiten der Fabel riecht, das mehr zur poetischen Dichtung als Schmuck, wie zur rein geschichtlichen Tradition passe, gründlich hasse. Das reine und unverfälschte Gefäss solle nicht durch einen mittelmässigen Sauerteig beschmiert und übertüncht, und so nach einem classischen Sprichwort Oel und Mühe verloren sein [2]).

---

[1]) Discordia autem scriptorum plerumque lenitate et negligentia offensus, sequutus sum in relationibus et rebus ambiguis, qua me vel similitudo rerum vel scribentium autoritas vel opinio traxit vulgarior.

[2]) ... ne vas purum et fidele juxta quoque vetus proverbium oleum simul et operam perditurus infectum in crustatumque ex modico fermento iri contingat.

Wenn unser Historiker wirklich dem hier ausgesprochenen Princip treu geblieben wäre, so hätten wir gerade für die ältere Zeit in seiner Darstellung, wo noch manches jetzt verlorene Material benutzt werden konnte, eine gewichtige Ueberlieferung. Leider aber finden wir gleich im ersten Buch die ganze fabelhafte Geschichte von Cracus oder Gracchus, dem Gründer von Cracau, wie sie ähnlich bei Vincentius, genannt Kadlubek, erzählt wird [1]). Noch viel ärger verstösst Dl. gegen seine eigene Regel, wenn er uns in ganz historischer Zeit Dinge berichtet, die nicht nur nach „den Albernheiten der Fabel" schmecken, sondern, an gar keine Sagen anknüpfend, auf der eigenen bewussten Erfindung beruhen. Er trägt kein Bedenken, uns die bekannte Mongolenschlacht bei Liegnitz im J. 1241 in ausführlichem Detail zu erzählen, obgleich ihm seine schriftlichen Quellen, die er ja selbst für die wichtigsten hält, nur das Datum, den Ort, den Tod des Herzogs Heinrich II. von Schlesien und den des Prinzen Boleslaw von Mähren berichten. Das Uebrige, was nicht aus der Ueberlieferung oder vielleicht aus Bildern alter Handschriften stammt, ist absichtliche Erfindung [2]).

Das Ereigniss schien zu wichtig, als dass es hätte mit kurzen Worten berichtet werden können. Eine so gänzliche Niederlage der tapferen Polen musste durch ganz besondere Umstände erklärt werden. Unser Dl. weiss daher von einer Art Zaubermittel, einer Feuer und Rauch ausströmenden Tartarenfahne, die die Reihen der Polen verwirrt habe. Um die Flucht der Tapferen endlich vollständig zu machen, gehörte dann noch ein Fremder in die diesseitigen Schlachtreihen, Poppo von Osterna, der die Aufgabe übernehmen musste, die letzte kämpfende Gruppe der Polen mit sich in die Flucht zu reissen.

So plumpe Erfindungen, die in schwülstiger, gespreizter Sprache vorgebracht werden, sind heutzutage viel weniger

---

[1]) S. Zeissberg, Vincentius Kadlubek p. 148 f.
[2]) Eine Analyse des ganzen Berichtes s. u. p. 16 ff.

gefährlich, als die kleineren oder grösseren Entstellungen vorliegender Berichte, die theils durch den an Livius erinnernden Hang zum Ausmalen kurzer annalistischer Nachrichten, theils aber in einer bestimmten Absicht, besonders in nationalem Interesse, entstanden sind. Für den ersteren Fall kann fast Alles angeführt werden, was der Cracauer Annalistik entnommen ist; für den zweiten genügt es, eine besonders charakteristische Stelle heranzuziehen. Die böhmische Herrschaft hat, nach der Darstellung bei Dl. Polen einer Urkunden-Fälschung der Herzogin Griffina von Cracau zu verdanken. Schon Palacky [1]) macht auf die „mala fides", mit der Dl. seine Vorlage entstellt, aufmerksam. Fiedler [2]) lässt sich näher auf die Sache ein und beweist, auf Urkunden gestützt, dass Dl. den Bericht des Pulkawa [3]) entstellt hat. Es heisst dort nehmlich: „Eodem .. tempore Griffina Cracovie et Sandomiriae ducissa ..., soror quondam Gunegundis, matris Wenceslai regis Boemie, cui maritus ejus dux Lesko, dum vixerat, ex eo, quod liberis caruit ... de consilio et consensu nobilium et baronum suorum, eosdem Cracovie et Sandomirie ducatus post mortem ipsius legaverat, ymo in ipsam plene transtulerat, nepoti suo regi Boemie Wenceslao ... principatus eosdem donatione inter vivos solenni donavit et missis desuper ad regem eundem pluribus et solennibus nunciis possessionem realem sibi obtulit ducatuum praedictorum." Diese Schenkung wird durch eine Urkunde Wladislaws Lokittek bestätigt, wo dieser Herzog König Wenzels unermüdlicher Gegner, den von diesen bei der Besitznahme der Herzogthümer (Cracau und Sendomir) geltend gemachten Rechtsgrund anführt —, dicente et asserente rege praedicto, quod ad eum potius ducatus praedicti ex donatione sibi facta per eos, qui sibi ducatus ipsos

---

[1]) Geschichte von Böhmen, Th. II. 367. Anm. 436.
[2]) Böhmens Herrschaft in Polen in: A. f. K. östr. Gesch.-Quellen. Bd. XIV. p. 161 ff.
[3]) ed. Dobner, Mon. hist. Boemiae. Tom. III, 251 f.

donaverant et donare poterant, rationabiliter pertinerent" — und das Recht desselben als das stärkere anerkennt (plenius quam nos et potius jus [1])). Dl. erklärt die Schenkung einfach für ein Falsifikat, wenn es überhaupt eine solche gegeben, was er bezweifelt; führt aber keinen plausiblen Grund für seine Behauptung an. Denn dass die Herzogin bulgarischer Nationalität war und deshalb nicht hätte über polnische Herzogthümer verfügen können, kann als solcher nicht gelten. Auch der zweite Grund des Dl., Lesko der Schwarze habe als herbeigerufener (accitus), nicht durch Geburt zur Nachfolge berechtigter Fürst diese Herzogthümer nicht ohne Einwilligung der anderen polnischen Fürsten an seine Gemahlin übertragen können, fällt nicht ins Gewicht, weil Dl. selbst p. 774 den Lesko von Boleslaw dem Schamhaften „speciali privilegio" adoptirt werden lässt.

Eine noch schlimmere Eigenthümlichkeit des Dl. besteht aber in der Nachlässigkeit, mit der er seine Vorlagen ausschreibt und paraphrasirt. Das ärgste Beispiel der Art, das mir aufgestossen, ist die Erzählung von der Gefangennahme des Herzogs Mestwin von Pommern durch seinen Bruder Warcislaus. Seinen Quellen [2]) entgegen lässt Dl. p. 792 Warcislaus durch Mestwin gefangen nehmen, und dreht so die Sache vollständig um.

Noch öfter erscheint der bei Compilatoren sehr gewöhnliche Fehler, dass dieselben Ereignisse doppelt erzählt werden, ja in einem und demselben Absatz begegnen uns Wiederholungen: so die Flucht Boleslaws des Schamhaften auf S. 674 f. Die Eroberung von Heilsberg durch die Preussen ist gar nach derselben Quelle wiederholt: p. 762 u. 764 [3]).

Einer Eigenschaft unseres Chronisten muss noch gedacht werden, die weiter unten nicht in jedem einzelnen Falle berücksichtigt werden wird: den Sterbeort jedes geistlichen

---

[1]) Fiedler a. a. O. p. 166.
[2]) Baczko bei Sommersberg, SS. r. Sil. II, 78, und die Annalen ibid. 89; Chronik von Oliva in: SS. r. Pr. I, 688 f.
[3]) Nach Jeroschin, d. h. in seiner latein. Uebers. s. u. p. 53.

oder weltlichen Fürsten verlegt Dl. in dessen Residenz, falls ihm nicht eine besondere Angabe darüber zu Gebote stand. Ebenso werden Sedenz- und Regierungsjahre meist nach eigener Berechnung angegeben.' Man hat bei derartigen Notizen keine verlorene Inschrift oder dergl. anzunehmen.

Die geschilderten Schattenseiten unseres Compilators werden durch die Lichtseiten nicht aufgewogen. Wir müssen freilich anerkennen, wie viel Mühe verwandt worden ist, um die möglichste Vollständigkeit der Nachrichten zu erreichen; wir werden ausser dem reichen urkundlichen Material ungefähr ein Dutzend schriftlicher Aufzeichnungen benutzt finden allein für das VII. Buch. Dennoch aber werden wir wegen der oben berührten Eigenschaften den Dl. nie als Beleg für historische Thatsachen anführen können, ausser in zwei Fällen: 1) wo Urkunden vollständig aufgenommen sind, und 2) wo wir eine urkundliche oder, was freilich schwieriger, eine historiographische Grundlage deutlich erkennen können. Aber auch in diesen Fällen wird grosse Vorsicht anzuwenden sein, besonders in Betreff der Chronologie. Wir wissen nicht einmal, ob die in den Ausgaben angegebenen Zahlen von Dl. selbst herrühren [1]).

---

[1]) Cf. Rzyszewski et Muczkowski, cod. dipl. Pol. 1, 77 n. 46. A. 1.

Kapitel I.
Die erhaltenen Quellen.

Für das VII. Buch des Dl. sind uns zum Glück die meisten Quellen erhalten. Sie sollen in diesem Kapitel möglichst genau nachgewiesen werden; im folgenden gedenke ich diejenigen Stellen, die auf verlorene Quellen zu schliessen gestatten oder die reine Erfindungen unseres Chronisten enthalten, zusammenzufassen. Dabei wird es freilich nicht immer möglich sein, beides vollständig zu trennen, es ist oft ein Element mit dem anderen auf's Engste verwoben.

I. Polen und Schlesien.

Die Quellenliteratur Polens, zu dem im XIII. Jahrhundert auch Schlesien gehörte, ist gerade nicht überaus reich zu nennen. Es sind meist kurze annalistische Aufzeichnungen, die fast alle mit einander in irgend einem Zusammenhange stehen. Etwas vollständigere, ganz selbstständige Quellen sind uns nicht mehr erhalten. Was die Sichtung dieses Materials erheblich erschwert, ist der Umstand, dass dasselbe zum Theil schlecht edirt ist, so manches wohl auch noch in Bibliotheken und Archiven verborgen liegt.

Für unsere Aufgabe kommt die Chronik, die von Sommersberg [1]) unter dem Titel: „Boguphali II. episcopi Pozna-

---

[1]) SS. r. Siles. II, 18 ff., wiederholt von A. J. Zaluski. Vars. 1752 und Mizler et Colof, Historiarum Poloniae et Littawaniae SS. coll. magna. Vars. 1790, III, 86 ff.

niensis chronicon Poloniae cum continuatione Paskonis custodis Posnaniensis" an dieser Stelle besonders in Betracht. Sie ist eine der Hauptquellen, wie für das XIII. Jahrh. der polnischen Geschichte überhaupt, so auch des Dl. für diese Zeit. Mosbach [1]) hält die ganze Chronik für das Werk Godeslaws mit einigen späteren Zusätzen, die nicht in der Zeit des Verfassers, d. h. in der zweiten Hälfte des XIII. Jahrh. gemacht sein könnten. Nahring [2]) nimmt an, dass das Ganze eine grosse „Compilation aus dem XIII. oder XIV. Jahrh. ist, in welcher Bestandtheile des Vincenz, genannt Kadlubek, Excerpte aus mehreren Annalen, Auszüge aus Aufzeichnungen des Posener Bischofs Boguphal und des Posener Custos Godeslaw zu erkennen sind. Auf diese Art der Entstehung deute auch die ungleiche Redaktion." Eine ähnliche Art der Entstehung möchte auch ich annehmen [3]). Sicherere Resultate über die Boguphal-Frage lassen sich ohne handschriftliches Material schwerlich gewinnen. Nur das Verhältniss des sogenannten Boguphal-Baczko zu den von Röpell „Posener" genannten Annalen [4]) liesse sich vielleicht etwas präciser fassen als es bis jetzt geschehen [5]).

Dass vielfach eine wörtliche Uebereinstimmung und überhaupt eine gewisse Verwandtschaft zwischen beiden genannten Aufzeichnungen existirt, lehrt der erste Blick und ist längst bemerkt worden [6]). Bei einer genaueren Vergleichung finden wir zunächst, dass an mehreren Stellen, die sonst fast

---

[1]) Godyslaw-Pawel etc. Lwow 1867. Hier sind p. 4 die Handschriften besprochen.
[2]) G. G. A. 1869, II, 1836 in der Recension über das angeführte Buch von Mosbach.
[3]) Aehnlich auch Caro, Gesch. Pol. p. 574.
[4]) Sommersberg a. a. O. p. 81 ff.
[5]) Mosbach a a. O. p. 48 ff. drückt sich über dieses Verhältniss auch nur unbestimmt aus.
[6]) So von Röpell p. 473 Anm. 6, und von W. Arndt, der die Freundlichkeit hatte, mir das Ms. der von ihm in seiner Ausgabe der poln. Annalen (M. G. h. XIX) passim citirten ann. maj. Pol. zuzusenden.

wörtlich übereinstimmen, bald der eine, bald der andere Text reichhaltiger ist. Z. B.

1247.

Bog. ¹) p. 63: Frater autem ipsius Kazimirus patre sepulto Lanciciam, Spiczmircza et Koszprzam ex improviso occupavit; dum frater ejus Semovitus cum matre ipsorum in paternis exequiis morarentur.

Posn. ²) p. 81: Frater tamen ipsius, sepulto patre, Kazimirus scilicet, Lanciciam, Spiczmircza, Syracz et Posprzam [Kosprzam] ex improviso occupavit, dum frater ejus Semovitus et mater ejus in exequiis paternis morabantur.

1254.

Bog. p. 67: Anno eodem Przemisl et Boleslaus Poloniae et Cunradus Glogovie duces cum suis exercitibus vastaverunt terram circa Trzebniczam, Widavam et ultra Odram Lesznioczam Henrici ducis Wladislaviensis [Wratislaviensis] ecclesiarum villas in nullo molestantes. Schon an sich betrachtet trägt diese Stelle des Bog. den Charakter eines Auszuges, z. B. die unmittelbare Zusammenstellung des Klosters Trebnitz und des Flusses Weidau. Die correspondirende Stelle in den Posener Annalen entspricht ganz einer Vorlage des Bog.

p. 85: Eodem anno in mense Septembri nobiles viri Przemisl et Boleslaus duces Polonie fratres uterini, cum domno Cunrado, duce Glogovie, (cum) filio quondam ducis Henrici Slesie collectis exercitibus suis venerunt usque ad fluvium, qui vocatus vulgariter Widawa, a Wratislavia miliare parvulum. Et mittentes exercitum suum devastant terram ducis Henrici fratris praedicti ducis Conradi, qui vastaverunt circa Trebniciam et circa Cerquiciam omnia montana, ymmo etiam quidam exercitus vadavit per Odram et vastavit circa Lesniciam propter ³) villas omnium ecclesiarum, quas fecerunt idem principes ab omni vastatione esse immunes.

---

¹) = Bogaphal — Baczko.
²) = Annales Posnanienses.
³) Verlesen statt praeter.

Zum Jahr 1256 erzählt Bog. den Verrath Swantopolks von Pommern bei der Festung Nakel kürzer, als Posn. p. 86, wo noch hinzugefügt wird: „Inter quos ceperant quendam militem Msczislaum et quosdam alios, quorum nomina propter prolixitatem hic non notamus etc." Aehnlich stehen in dem Bericht über den Frieden zwischen Przemisl und Swantopolk die „novem obsides" des Bog. p. 68 bei dem Posn. p. 88 namentlich genannt [1]).

Vergl. noch 1253 die Wahl Bischof Peters von Posen, und 1271 den Krieg zwischen Mestwin und Warcislaus von Pommern.

Diesen Stellen gegenüber finden sich aber wieder andere, in denen Bog. vollständiger ist, als der Posener Annalist.

1249.

Bog. p. 63. Tempore quoque et anno praedictis Boleslaus dux Slesie, volens de fratre suo Henrico duce Wratislaviensi, qui ipsum paulo ante propter suas insolentias captivaverant et vinctum in turri Lowitz arte custodie deputaverat, sum(m)ere vindictam, castrum Lubusz nobile et firmum fratris sui Meszcouis, qui ibidem in ecclesia S. Petri sub casto tumulatus quiescit [2]), archiepiscopo Mathburiensi, ut sibi contra Henricum ducem praefatum ferret auxilium minus consulto(rum) donavit. Cujus fretus auxilio nitebatur fratrem suum Henricum praefatum ducem de terris penitus profugare.

Posn. p. 83: Eodem anno dux Slesie Boleslaus filius quondam Henrici dedit Lubusz castrum nobile et firmum archiepiscopo Magdeburgensi, ut ferret ei auxilium contra fratrem ipsius uterinum Henricum ducem Wratislaviensem, contra quem pugnabat pro eo, quod idem Henricus fratrem suum

---

[1]) Bei Sommersberg und auch in SS. rer. Pruss. I, 766 stehen durch falsche Lesung 11 statt 9 Geisseln. Die letzten heissen nicht Mroczek Przec, Slavicz, Sandzircy, Sbiluthowicz; es sind nur 2: Mrvczek Przecslavicz und Sandzircy Sbiluthowicz.

[2]) qui — quiescit mag ein späterer Zusatz sein. M. starb 1246. Ann. Cap. Crac. Mon. G. h. XIX, 598.

Boleslaum captivaverat, unde nitebatur idem Boleslaus fratrem suum Henricum de terra penitus profugare. Zum selben Jahre (1249) fügt Bog. p. 64 nach der Erzählung von der Erbauung des Schlosses Beuthen, die Posn. p. 84 ganz ähnlich erzählt wird, die Hochzeit Conrads von Glogau mit Salome hinzu.

Zum Jahr 1271 erzählen beide ganz ähnlich den Einfall Boleslaws von Grosspolen in das Gebiet von Santhok. Nur am Schlusse weichen sie von einander ab: Bog. p. 78: ipsam (sc. castellaniam Santhoc.) incendiis et spoliacionibus horribiliter per triduum devastavit; civitatem quoque Soldin bene munitam et alias urbes et castra potentes subvertens usque ad solum redegit et funditus evertit, et magna preda ditatus ad propria foliciter remeavit etc. Dagegen Posn. p. 89: in qua terra secure tribus pernoctuit noctibus et cum magna preda sanus et illesus ad propria remeavit. Item anno praedicto castrum Chruschwicia comburitur de voluntate domini Boleslai ducis Polonie.

Nach den hier angeführten Stellen wird es wohl nicht zu gewagt sein anzunehmen, dass Boguphal-Baczko und die Posener Annalen aus derselben Quelle geflossen sind. Welche der beiden Aufzeichnungen dem Originale näher steht, ist für jetzt mit Sicherheit nicht möglich zu entscheiden. Zu Gunsten des Bog. sprechen jedoch einige Stellen. Bei dem a. 1249 erwähnten Traum des Bischofs Boguphal von Posen heisst es bei Bog. p. 64: „Eodem tempore in prima nocte post diem b. Johannis babtiste ego Boguphalus episcopus Posnaniensis audivi, licet peccator, per visum..." Dagegen Posn. p. 83 missverständlich: „Eodem anno in prima nocte post diem b. Johannis baptiste Boguphalus peccator episcopus Posnaniensis vidit per visum..." Zum Jahre 1256 hat Bog. p. 68 das Wort (marcas) argenti, Posn. p. 87 (marcas) grossorum. Groschen wurden aber erst Ende des XIII. Jahrh. in Polen eingeführt [1]). Auch reichen die Posener Annalen

---

[1]) Ann. Wrat. maj. Mon. XIX, p. 532 a. 1297: ... coronatus

bis zum Jahre 1309, während Bog. schon 1271 schliesst. Der Text des letzteren ist im Allgemeinen viel vollständiger, er repräsentirt eine zusammenhängende Chronik, die schon mit der Urgeschichte der Polen in breiter Erzählung beginnt; die Posener dagegen haben nach einem dürftigen Annalen-Gerippe von einer halben Seite erst mit dem J. 1247 vollständigere Nachrichten. Endlich will ich noch bemerken, dass der Verfasser der „Posener" Annalen, wie sie richtig nach den in ihnen vorherrschenden Nachrichten genannt sind, mit einiger Wahrscheinlichkeit in Cujavien zu suchen ist. Zum J. 1268 p. 88 nehmlich heisst es hier: „Item anno, quo noster serenissimus princeps et dominus domnus Kazimirus dux Cujaviae et Lancicie decessit."

Auf dieselbe gemeinschaftliche Grundlage, auf welcher die eben behandelten Aufzeichnungen beruhen, weisen auch die Annalen bei Sommersberg II, p. 91 ff. Auch die kleinen Annalen-Fragmente, die bei Sommersberg II, p. 79—95 zerstreut abgedruckt sind, haben eine gewisse Verwandtschaft mit dem Bog. [1]).

Dl. hat nun alle diese Aufzeichnungen, resp. ihre gemeinschaftliche Quelle, für seine polnische Geschichte verwerthet. Indem wir die Chronik, die bei Sommersberg II, p. 18 ff. als Werk des Boguphal mit der Fortsetzung des Baczko abgedruckt ist, mit B., die anderen Annalen und Annalen-Fragmente bei Sommersberg mit S. bezeichnen, wollen wir die einzelnen in Betracht kommenden Stellen aufführen.

Dl. p. 671 begegnen wir zuerst einer Benutzung des B.: Das Datum der Ankunft der Tartaren in Sandomir (B. p. 60), was p. 674 bei Dl. wiederholt wird.

p. 675 ist der Kampf des Herzogs von Oppeln mit den Tartaren aus B. 60 entlehnt. Nur schmückt Dl. etwas aus,

---

est rex Wenczeslaus .., qui primus grossas fecit. cf. Vossberg. Gesch. der preuss. Münzen und Siegel p. 74.

[1]) Die von Prof. Zeissberg erwartete polnische Quellenkunde wird hoffentlich bald in diese verwickelten Verhältnisse helleres Licht bringen.

nennt den Herzog aber richtig Mesko, wo B. fälschlich Boleslaw hat [1]).

p. 676 ist der Beiname des Boleslaw von Mähren aus B. 60: Schezolka.

p. 687 f. setzt Dl. die Verwüstungen des Cracauer Gebietes durch die barbarische Herrschaft Conrads von Masovien ins Jahr 1241, während B. p. 61 erst zum J. 1243 davon in ähnlicher Weise spricht. Indessen scheint es richtig zu sein, dass Conrad von Masowien schon 1241 Cracau und Lancicz an sich brachte. Am 10. Nov. 1241 stellt er als Herzog von Cracau und Lancicz eine Urkunde für das Dorf Campino (im Gebiet von Lancicz gelegen) aus, und zwar in Potrkow, einer Stadt, die ziemlich in der Mitte zwischen Lancicz und Cracau liegt [2]).

p. 688 sind folgende vier Sätze dem B. 61 entlehnt: „Sed nec — rebellionem versis"; „Verum eum Boleslaus — optimatibus praeferret"; „ad Przemislaum et Boleslaum — naturales"; und „(Nakiel) — consignant". Der Zwischensatz, in dem Usczie als Aufenthaltsort der beiden Brüder Przemisl und Boleslaw von Grosspolen angegeben wird, ist von Dl. hinzu combinirt; der andere Hauptort, den ihr Vater Wladislaw Odonitsch, der aus Posen und Gnesen vertrieben war, noch besass, war Nakiel [3]); dieses hatte aber Swantopolk von Pommern eben besetzt. Die dritte Ortschaft Driezen hat Dl. übersehen [4]).

p. 689 erzählt Dl. nach preussischen Berichten über den Angriff Swantopolks von Pommern, der sich mit den Preussen verbunden hatte, auf den Orden. Er führt den Herzog mit ein Paar Worten in die Erzählung ein (Svantopelkus — quaesierat), die er aus B. 56 f. geschöpft [5]). Dabei begeht er den Fehler, dass er den Swantopolk aus dem Hause der

---
[1]) cf. Stenzel, Urkk. des Bisth. Breslau p. 5.
[2]) R. et M. cod. dipl. Pol. I, p. 44. Vergl. auch die ann. Sil. compilati, unten p. 82.
[3]) cf. B. 59 f. und Dl. 662.
[4]) a. a. O.
[5]) cf. Dl. p. 785 f.

Griffonen abstammen lässt, während B. a. a. O. den „Cracus (soll wohl heissen Cracoviensis) Boleslaus de cognatione Griffonum" dem Swantopolk gegenüberstellt.

p. 694 [1]) wird der Sieg Boleslaws von Cracau über Conrad von Masowien bei Suchodol nach B. 61 geschildert. Das Datum der Schlacht ist aus den Ann. cap. Crac. p. 589. Die Theilnahme der beiden Palatine, der ungarischen Soldaten, der Herzöge von Oppeln und Posen, der Litthauer und Jatwägen ist Zusatz des Dl. [2]).

p. 695 f. [3]) verbindet Dl. die Erzählung des Jeroschin über den Krieg Swantopolks mit dem Orden mit dem Bericht bei B. 61 über desselben Herzogs Krieg mit polnischen Fürsten. Dabei ist zu bemerken, dass Dl. statt barbati cruce signati (bei B.) den Marschall Theoderich, von dem Jeroschin gesprochen; und statt duces Poloniae die später erwähnten Przemisl und Boleslaw einsetzt; schliesslich den Kasimir von Cujavien zu den Feinden des Swantopolk hinzufügt, Letzteres wohl nur im Hinblick auf die Verbindung dieses Herzogs mit dem Orden im J. 1245 (Dl. p. 702).

p. 697 [4]): Der Bann gegen Conrad von Masowien entspricht B. 61. Dass das auf einer Synode zu Lancicz geschah, ist Zusatz des Dl.

p. 702 [5]): Bei dem Streit über die Privilegien der Posener Kirche ist B. 62 benutzt. Von einem ähnlichen Gnesner Privileg, das Dl. erwähnt, ist sonst Nichts bekannt.

p. 704 [6]) hat B. 62 vorgelegen. Die Aufreizung Conrads von Masowien durch seine Gemahlin Agesia ist Ausschmückung. Vergl. auch Ann. Pol. I, III, IV. 634 f.

p. 705 [7]) berichtet Dl. nach S. 93 und Jeroschin III,

---

[1]) Vocato itaque — fugam egit.
[2]) cf. Röpell Gesch. Pol. 489 Anm. 2.
[3]) (unten) per Theodericum — constructum est.
[4]) Prandotha autem — haberi.
[5]) Ad libertatem — munera.
[6]) Gravem et iratum — praeda rediit.
[7]) Opiso — ad papam Innocentium rediit.

33, vielleicht mit Heranziehung einer nicht mehr erhaltenen Urkunde. cf. SS. rer. Pruss. I, 68 Anm. 2.

p. 707 [1]) fügt Dl. zu der Theilung Grosspolens bei B. 62 den Ort: Posen hinzu, vielleicht weil der Bischof Boguphal von Posen sich an dem Akte betheiligte.

p. 707 im folgenden Absatz [2]) scheint Dl. ausser B. 62 noch eine andere Quelle gehabt zu haben, aus der er die Notiz über die Demolirung des Klosters Kozaniczka schöpfte.

p. 707 f. [3]) ist aus B. 62 f. und S. 81. Eigenthum des Dl. ist die Motivirung, weswegen Herzog Conrads von Masovien Sohn Kasimir (von Cujavien) seinem Bruder Semovit einige Ortschaften entreisst. Letzterer soll nehmlich, obgleich der jüngere Sohn, doch als Liebling des Vaters noch zu dessen Lebzeiten das Herzogthum Masovien empfangen haben, das hätte den Neid des älteren Bruders erregt. Sicher ist nur, dass Semovit in einer Urk. vom J. 1245 [4]), also noch zu Lebzeiten seines Vaters, als „dux Masoviensis" auftritt. Er theilte aber den Dukat mit seinem Bruder Boleslaw [5]).

p. 709 ff. [6]) mag ausser B. 63 und S. 81 noch eine päbstliche Bulle benutzt sein. Statt Bischof Peter von Plozk setzt Dl. Andreas, ob mit Recht, ist nicht mehr festzustellen.

p. 711 f. [7]) ist dem Bericht des B. 63 und S. 83 die Polemik gegen Przemisls Verfahren selbstständig hinzugefügt.

p. 712 ist die Schenkung von Lebus an den Erzbischof von Magdeburg nach B. 63 und 64 erzählt. Dasselbe noch ein Mal p. 716, aber nach einer anderen Quelle.

p. 716 f. [8]) vergl. B. 63.

p. 717 f. [9]) hat B. 64 f. und S. 83 vorgelegen. Doch

---

[1]) Majoris Poloniae — firmata est.
[2]) Boleslaus — demolita est.
[3]) Barwin — jusserat.
[4]) R. et M. cod. dipl. Pol. I, p. 50.
[5]) cf. dieselbe Urk.
[6]) Jacobus Leodiensis archidiaconus — accepit.
[7]) Divisionem — constrictos.
[8]) Et pro excutienda — discerpsit.
[9]) Opoliensis dux Vladislaus — celebratis.

ist einiges hinzugefügt: in der zweiten Zeile der Name Judith. Diese heirathete später Heinrich III. von Schlesien [1]). Dass sie unfruchtbar war, fügt Dl. hinzu, obgleich er wusste, dass sie die Mutter Heinrichs IV. und Hedwigs war. Denn diese führt er selbst p. 718 als ihre Kinder an [2]). Freilich scheint sie mit Miesko keine Kinder gehabt zu haben [3]). Für die Uebertragung der Stadt Rauden wird eine verlorene Urkunde benutzt sein.

p. 719 [4]) ist aus B. 64. cf. die Anmerkung unten zu p. 720 ff.

p. 719 f. [5]) vergl. mit B. 65 und S. 84.

p. 720—722 [6]) enthalten ziemlich starke Abweichungen von B. 64 und 65, aus dem dieser Abschnitt ohne Zweifel entnommen ist. Erstens ist die Flucht Conrads aus Schlesien (von 1250) nach dem Abfall der Liegnitzer von ihrem Herzog Boleslaw (1251) erzählt (cf. p. 719). Dann ist die ganze Stelle von den Boten Przemisls von Gnesen an Boleslaw aus der Lage der Dinge heraus erfunden. Die Bemerkung bei B. 64: „... Conradus ... Henricum ducem Wratislaviensem captivat pro eo, quod sibi promiserat et juramento firmaverat, adhuc [7]) Boleslao fratre ipsorum sepe dicto partem ducatus Slesie repetere, quod non fecit" hat vielleicht den Hauptanhalt dazu gegeben. Die Vorlage hat Nichts von dem Entkommen Boleslaws aus der Gefangenschaft; Dl. fügt nicht nur die Thatsache der Flucht, sondern auch, dass dieselbe durch Bestechung der Wachen erfolgt sei, in seine Darstellung ein. Freilich muss man aber nothwendig auf irgend eine Art der Befreiung schliessen aus dem bei B. weiter unten dargestell-

---

[1]) Chron. princ. Pol. Stenzel, SS. rer. Sil. I, 209. Hier wird auch Miesko „Racsboriensis" genannt.
[2]) Nach vita Hedvigis, Stenzel a. a. O. II, p. 112.
[3]) Vergl. zur Sache: Glatzel, Vorstudien zur Regierungsgeschichte Heinrichs IV. von Schlesien. Glatzer Progr. 1864, p. 12 f.
[4]) Boleslaus — ditionem.
[5]) Spoliaturi — donaverit.
[6]) Secessione militarium — contulit decora.
[7]) a duce?

ten Verfahren Boleslaws gegen den Castellan Hymko. Nur der Ritterschlag Conrads von Glogau gehört wirklich in das J. 1252.

p. 723 [1]) vergl. B. 65.

p. 732 [2]) hat Dl., als eifriger Geistlicher, dem Erzbischof Fulko von Gnesen eine Rolle in dem Versöhnungsakte der beiden grosspolnischen Herzöge zuertheilt, von der die hier benutzte Quelle B. 66 Nichts berichtet.

p. 732 f. [3]) ist die Erzählung etwas verwirrt; doch ist die Vorlage, B. 65 f. [4]) und S. 85 nicht zu verkennen. Dass der erste Bischof von Litthauen, Veit, ein Pole gewesen sein soll, ist Zusatz des hyperpatriotischen Dl.

p. 733 [5]) wird der Bischofswechsel in Ploczk nach B. 66 erzählt. Die Amtsdauer und die genealogischen Notizen sind Eigenthum des Dl.

p. 734 [6]) vergl. B. 66.

p. 734 f. [7]) vergl. B. 66. Die Anwesenheit Wladislaws von Oppeln hat Dl. hinzugefügt.

p. 735 f. [8]) beruht auf B. 66 f. und S. 85 f. Vergl. auch die annales cap. Crac. p. 600. Die Zeitfolge ist nicht eingehalten. Den Namen Gertrud hat Dl. hinzugesetzt, vielleicht aus Verwechslung mit der Gemahlin Boleslaws von Masowien, die Gertrud hiess und eine Tochter Heinrichs II. von Breslau war [9]). Die Zeitdauer des Bannes ist falsch auf 26 Tage angegeben, sie betrug nicht 3 Wochen. Die Namen Siczov und Scradia sind vielleicht aus einer verlorenen Quelle.

p. 736 f. [10]) vergl. B. 64 zum Jahre 1249.

---

[1]) Slesiano bello — captivat.
[2]) Przemislaus — uterque vixit.
[3]) Quinto Idus — consecrat.
[4]) cf. die Königsberger Hdschr. in: SS. rer. Pruss. I, 758.
[5]) Petrus Plocensis episcopus — consecratus est.
[6]) Annus hic — redacta est.
[7]) Cracoviensis — distributa sunt.
[8]) Boleslaus pudicus — relaxat.
[9]) cf. p. 767 und vita Hedv. p. 113.
[10]) Contagione — praestabit.

p. 737 ¹) scheint Dl. ausser B. 66 f. noch eine andere Quelle benutzt zu haben, wo z. B. das Datum der Wahl notirt gewesen sein muss. p. 737 ²) ist das Todesjahr Helingas (oder Hedwig) von Grosspolen falsch angegeben. Vergl. a. 1250 bei B. 64, die genealogische Notiz B. 57 f. Das Uebrige ist aus S. 85 und Chron. princ. Pol. 106 zu erklären. p. 738 f. ³) lag dem Dl. der Bericht bei B. 67 vor, der nur mit grosser Breite paraphrasirt ist. p. 740—743 ⁴) in der langen Erzählung von dem Streit und der Versöhnung zwischen Swantopolk und Przemisl von Grosspolen, die B. 67 f. und S. 88 entnommen, interessirt die Stelle (p. 742), Poppo von Osterna sei ein adlicher Pole aus Cracau gewesen, und Swantolk, so wie dem Przemisl blutsverwandt, als Zusatz des Dl. Das Erstere ist reine Erfindung; Poppo war ein Franke ⁵), über das Andere s. B. 68 und 57 f. Dass die neue Festung Nakel von Herzog Przemisl verbrannt wurde, mag vielleicht aus einem vollständigeren Texte des B. stammen.

p. 743 f. ⁶) und p. 745—750 ⁷) ist der Bericht des B. 69—71 mit anderen vermengt. Zu den letzteren gehört die Stelle über den Zehntenstreit zwischen Thomas, Bischof von Breslau und Boleslaw von Liegnitz, wo gewiss Urkk. benutzt sind, vielleicht auch eine verlorene ⁸), und zwei Bullen Alexander IV., die eine bei Theiner, Mon. Poloniae I, 63 f., die andere bei Dl. selbst abgedruckt. Ob die p. 744 angeführte Synode zu Lancicz gefeiert, geht aus den Quellen mit Sicherheit nicht hervor. Die folgende, auf der gegen Boleslaw von Liegnitz das Kreuz gepredigt wurde, ist hier abgehalten wor-

---

1) Petrus Posnaniensis — consecratus.
2) Apud Posnaniensem — enixa est.
3) Ora Slesitica — amiserant.
4) Tardius quam animo — solutio.
5) Voigt, Gesch. von Preussen II, 529.
6) Pomeranico bello — exequuti sunt.
7) Captivitatis — millesimo ducentesimo quinquagesimo septimo.
8) S. Stenzel, Urkk. des Bisth. Bresl. Vorw. p. XXXVII f.

den. Die annales cap. Crac. geben zum Jahre 1256 eine Synode zu Lancicz an, aber falsch, wie in der Anm. p. 600 hervorgehoben ist. Die 10,000 Mark sind nach B. 69 in 2,000 zu verwandeln, vergl. auch p. 746. Der ganze Bericht leidet übrigens an Verwirrtheit; so sagt Dl. p. 747, Bischof Thomas sei noch gefangen gewesen, während er auf p. 746 schon die Befreiung desselben erzählt.

p. 744 [1]) vergl. S. 85 a. 1252. Der Tag des Ciriacus muss auf den 19. Dec., nicht auf den 8. Aug., wie Dl. hat, berechnet werden, s. Pertz, Mon. SS. XIX, p. 634 Anm. 33. Ueber die früheren Würden des B. Wladimir s. die Urk. R. et M. cod. dipl. Pol. II, 1 p. 42. Die genealogischen Notizen sind natürlich ganz unzuverlässig.

p. 745 [2]) vergl. B. 71. Der Zusatz, dass Bela von Ungarn ein Bruder der h. Elisabeth war, lässt sich aus der vita Hedv. p. 3 erklären; dagegen fehlen ältere Nachrichten über die Erziehung der Jolanthe bei der Schwester Cunigunde in Cracau. Letztere kam selbst erst 1252 dahin.

p. 750 f. [3]), bei der Darstellung des Todes Herzog Przemisls führt Dl. selbst den Baczko als Quelle an, cf. B. 70 f. Hinzugefügt sind die Zeitdauer der Krankheit und der Ort des Todes. Die Frau und die Kinder Przemisls sind nach vita Hedv. 113 angegeben, wo jedoch Anna statt Veronika steht. s. unten p. 76 f.

p. 752 f. [4]) scheint Dl. ausser B. 71 f. beim Frieden zwischen Boleslaw von Grosspolen [5]) und Kasimir von Cujavien eine verlorene Urkunde benutzt zu haben.

p. 754—756 [Varczislaus — spopondit impleturum] hat B. 72 zur Vorlage gedient. Vom Uebel ist, dass Dl. aus

---

[1]) Michael — bolestarum.
[2]) Boleslaus — acta est.
[3]) Pridie Non. Junii — celebrat.
[4]) Laudensem Castellaniam — pesto absumptis.
[5]) Dass Boleslaw „Curator" des Bruders Przemisl genannt wird, geht aus den Umständen hervor: letzterer war erst ein Jahr alt. Vergl. die Urk. Raczynski, cod. dipl. maj. Poloniae p. 51 ff., wo Boleslaw sich „dei gratia dux Poloniae" nennt.

dem Bischof von Camin [1]) den Bischof Wlodimir von Cujavien macht, und den Zehntenstreit hinzuerfindet. Zum Palatin von Cujavien setzt er den Namen Martin, von dem sonst Nichts bekannt ist. Simon war nach B. Castellan und kein Geistlicher.

p. 757 f. [2]) ist aus B. 71 ff. (vergl. auch die Königsb. Hdschr. in: SS. rer. Pruss. I, 761) benutzt. Die Namen der Tartaren-Führer Nogai und Thelebuga sind wahrscheinlich aus russischen Chroniken. Der capitaneus Petrus von Kremza und dessen Bruder Sbignew ist nach Ann. S. Cruc. Pol. Pertz, Mon. SS. XIX, p. 681 hinzugesetzt. Die Flucht Boleslaws von Cracau nach Ungarn ist eine sonst nicht begründete Wiederholung von p. 674.

p. 759 f. [3]) nennt Dl. wiederum ausdrücklich eine seiner Quellen (p. 759): das Archiv der Ordensritter. Sonst ist B. 73 benutzt. Die Nachricht von der Zurücksendung der Gefangenen nach Litthauen ist Zusatz des Dl. Die Notiz, dass Constantia die älteste der 4 Töchter Przemisls war, stammt wohl aus vita Hedv. 113, wo sie vorangestellt ist [4]).

p. 761 [5]) hat ausser B. 74 wohl ein Calender oder eine andere unbekannte Quelle vorgelegen.

p. 762 f. [6]) und p. 763 f. [7]) ist B. 73 benutzt; nur ist bei den Worten (p. 762) „ad inferiores terras Prussiae ad districtum Nactangorum" eine Spur von Jeroschin III, 94 nicht zu verkennen. Was Dl. veranlasst hat, die zweite Frau Kasimirs eine Tochter Swantopolks zu nennen, ist nicht zu verstehen. Es scheint entschieden falsch, da Kasimirs Sohn eine Tochter Swantopolks zur Frau hatte, vita Hedv. 118.

---

1) Er hiess Herrmann.
2) Gnesnensis — aquis suffocant.
3) Mendolphus — in hanc usque diem reliquit.
4) Vergl. zu diesem Bericht die Bedenken Sjögrens, die Wohnsitze der Jatwägen in: Mém. de l'acad. d. St. Pet. Ser. VI, tom. 9 p. 213 ff. und dagegen Bonell, in: Livl. Mitth. Bd. IX, p. 309 ff.
5) Andreas episcopus — succedit.
6) Litthuanicam et Pruthenicam — pro numero ederetur.
7) Pacto et sponsione — occupato.

Bei B. ist der Name Lesko offenbar ausgefallen, auf p. 765 [Et quoniam Casimirus — perosi] die Erzählung zum Theil wiederholt.

p. 764 f. [1]) macht Dl. einen Lesefehler ganz ähnlicher Art, wie p. 688. Dort schrieb er Perusii statt Parisii, hier umgekehrt, wie aus seiner Vorlage, ann. Cap. Crac. 601 verbunden mit B. 74, hervorgeht. Die genaue Schilderung der Sekte der Flagellanten kann aus mündlichen Berichten oder auch aus eigener Anschauung gemacht sein, da dieselbe keineswegs damals wirklich verschwand. Vergl. die Bulle Clemens' VI. v. J. 1349 (Theiner a. a. O. p. 527).

p. 766 f. [2]) vergl. B. 74. Die Bemerkung, dass Conrad, der Sohn Semovits, von Swarno deshalb nicht getödtet sei, weil Mendog, durch Geld bestochen, für ihn intervenirt hätte, ist Ausschmückung des Dl. Ueber den Namen Gertrud s. oben p. 24, die Bemerkung zu p. 735 f. (bei Dl.).

p. 768 f. [3]) vergl. B. 74. Dass die Castellanie Lowicz zum Erzbisthum Gnesen gehörte, konnte Dl. vielleicht aus eigener Kenntniss hinzusetzen.

p. 772 [4]) verändert Dl. in dem Bericht bei B. 74 f. den Namen des Hospitals zum h. Stephan in den des heil. Geistes, und fügt der Parochialkirche in Posen den Namen „Maria-Magdalenen-" hinzu, wohl aus den zu seiner Zeit dort befindlichen Instituten schliessend.

p. 773 [5]) vergl. B. 75.

p. 774 f. [6]) hat B. 75 f. vorgelegen. Der Begräbnissort der Gattin Przemisls und der Familienname des Probstes Peter, Habdank, ist Zusatz. Den Namen Conrad für den Markgrafen von Brandenburg, sowie dass derselbe die Festung Santhok als Mitgift seiner Gemahlin beanspruchte, combinirt Dl. aus B. 73 hinzu. Nikolaus nennt Dl. Cracauer Scholasti-

---

[1]) Flagellatorum — disperiit.
[2]) Conglutinati — providit.
[3]) Novam calamitatem — superbiendo abducunt.
[4]) Boguphalus — Mariae Magdalenae.
[5]) Boguphalus — abusus.
[6]) Helisabeth — executus est.

kus nach vita Hedv. 94. Er braucht deshalb aber nicht, wie Dl. behauptet, ein Pole gewesen zu sein. Der ganze Bericht ist etwas verwirrt. p. 776—778 ¹) sind B. 76 und ann. cap. Crac. p. 602 die Hauptquellen gewesen. Das Motiv Boleslaws von Cracau, nach Russland zu ziehen, ist eine bei Dl. gewöhnliche Erfindung. Die Andeutung über die glückverheissende Bedeutung des Tages der heiligen Prothasius und Gervasius weist auf ann. cap. Crac. p. 594 u. a. 1205 hin. Die Details der Schlacht scheinen aus einer unbekannten Quelle geflossen zu sein. Die Vision der Herzogin Cinga (Cunigunde) findet sich auch in der vita Cingae von Dl. A. SS. 24. Juli p. 692, wo ältere Viten benutzt sind.

p. 779 ²) vergl. B. 76.

p. 784 ³) sind ausser B. 77 die ann. Poloniae I, III u. IV (p. 636 f.) und die ann. cap. Crac. p. 604 heranzuziehen. Der Begräbnissort der h. Salome und die Erzählung von Boguslaus sind werthlose Zusätze des Dl.

p. 785 ⁴) sind S. 88 und B. 77 benutzt. Röpell, Gesch. Polens, 491 Anm. 9 hat S. 88 übersehen, ebenso Mon. SS. XIX, 603 Anm. 29. Die ann. cap. Crac. 603 geben zwar den Tod Kasimirs zum J. 1267. Das Jahr 1268 ist aber ganz übergangen. Ueberhaupt ist die Chronologie von S. und B. zuverlässiger, als die der Cracauer Annalen. Für die genealogische Notiz ist vita Hedv. 113 zu vergleichen. Die Regierung Lasskos des Schwarzen in Sirmoz und Ziemomisls in Cujavien zu Lebzeiten ihres Vaters können wir urkundlich nachweisen ⁵). Die Lage von Bidgost bestimmt Dl. natürlich aus eigener Lokal-Kenntniss. Auf die Verwechslung von Semovit mit Ziemomisl macht schon Röpell a. a. O. aufmerksam. Die Urkunde Kasimirs II., die hier angedeutet ist, scheint verloren.

---

¹) Injustam — abeunt.
²) Absumptus est — Leonem et Romanum.
³) Decima Novembris die — sitiens.
⁴) Casimirus — superesse.
⁵) R. et M. cod. dipl. Pol. II, 1, 68 u. 79.

p. 786 ¹) hat B. 77 als Vorlage gedient. Die Notiz, dass Zemomisl seine Jugend bei den Ordensrittern zugebracht habe, ist Ausschmückung des Dl.

p. 787 ²) vergl. B. 77. Lende ist ein Mal mit Laubus verwechselt.

p. 788 ³) vergl. B. 78, S. 89 und Chron. pr. Pol. 110.

p. 791 f. ⁴) vergl. S. 89. Die Rückgabe von Cruswicza an Zemomisl, die Dl. hinzusetzt, wird sonst nicht bezeugt; erscheint auch nicht wahrscheinlich, da sie auf Befehl nicht Zemomisls, sondern Boleslaws verbrannt wird.

p. 792—794 ⁵) tritt die oben p. 9 f. angeführte stärkste Entstellung der Vorlage, S. 89 und B. 78, ein ⁶). Freilich ist dieselbe auch nicht ganz klar, und hat durchaus den Charakter eines flüchtigen Auszuges; im ersten Satz fehlt das Subjekt. Der Ort Redzk stammt aus der Chronik von Oliva SS. rer. Pruss. 689. Ueber die Gemahlin Conrads von Brandenburg vergl. B. 73 und über die von Dl. erwähnte Verwandtschaft zwischen Mestwin von Pommern und Boleslaw von Grosspolen ibid. 68. Der Grund, weshalb Boleslaw den Krieg gegen Danzig aufgeschoben haben soll, ist von Dl. erfunden. Die Festungen, die derselbe in Pommern nennt, giebt er wohl aus eigener Kenntniss an.

p. 796 ⁷) scheinen ausser S. 89 und zwei Urkunden benutzt. S. unter: Urkunden, p. Der 15. Januar bei Dl. ist zu genau fixirt, in der Vorlage steht nur: inter epiphaniam et purificationem S. Mariae (6. Jan.—2. Febr.).

p. 797 f. ⁸) ist nach S. 89 f. ausgeschmückt.

p. 803 ⁹) deutet Dl. selbst an, dass ihm mehrere Quel-

---

1) Zemomisl — reconciliavit.
2) Santhocensem — partita est.
3) In castri Sulencz — suscipit gubernacula.
4) Duplicis — jussit deleri.
5) Gliscente primum — praefati perfecturus.
6) Vergl. die Kgsb. Hdschr. SS. rer. Tr. I, 762 u. 767.
7) Saxonicam — recogniturus.
8) Quiete militibus — ovans rediit.
9) Matrimonium — excepta est.

len vorgelegen, von denen wir aber nur noch S. 90 und ann. Pol. 649 nachweisen können.

p. 816 [1]) vergl. B. 71. Die Namen der Töchter des Boleslaw von Kalisch finden sich ann. Pol. 640 und 654; auch v. Hedv. 110 f.; der Zuname Boleslaws von Liegnitz: Rogatka ann. Pol. 650.

p. 839 ist der Ort der Schlacht zwischen Lessko von Cracau und Conrad von Masowien S. 95 entnommen.

Eine zweite wichtige Quelle, aus der Dl. für Polen und Schlesien seine Nachrichten schöpfte, sind die Cracauer annalistischen Aufzeichnungen, die im XIX. Bande der Mon. G. h., zum Theil ganz neu, edirt sind. Die Herausgeber weisen nach, dass in Cracau gleichzeitige Aufzeichnungen für die Geschichte des XIII. Jahrh. gemacht sein müssen, deren Spuren sich in den annales capituli Cracoviensis, annales Crac. compilati, annales Poloniae I—IV und anderen erhalten haben. Das ist aber nicht so zu verstehen, als ob die einzelnen Annalen die verlorenen Cracauer Ur-Annalen benutzt hätten; sondern es sind Zwischenglieder anzunehmen. Die annales Poloniae I. scheinen sogar 2 andere benutzt zu haben: 1285 p. 648 wird uns die Synode von Lancicz zwei Mal und zwar in verschiedener Form erzählt; der Sieg Lesskos von Cracau über Conrad von Masowien vom J. 1285 p. 650 wird 1286 in viel kürzerer Form wiederholt. Die Zusammensetzung aus verschiedenen Bestandtheilen ist bei den annales Cracov. compilati schon durch den Titel angedeutet; die annales Poloniae I und IV sind näher mit einander verwandt, als mit II und III [2].

---

[1]) (unten) Przemislaus autem — obiit.
[2]) Vergl. auch die Recension von H. Z. (Heinrich Zeissberg?) im Centralblatt 1866 p. 795. Sie handelt übrigens nur vom ältesten Theil der Annalen — 1025. In: „Vincentius Kadlubek" p. 176 beweist Zeissberg gegen die Herausgeber, dass Vinc. einen gewissen

Unser Dl. hat die annales cap. Crac. und die annales Poloniae I. in Händen gehabt [1]; ob er aber auch die ältesten Cracauer Aufzeichnungen gekannt hat, ist unmöglich mit Sicherheit zu beantworten. Indessen werden wir das an einigen Stellen, die unten genauer besprochen sind, wohl vermuthen dürfen [2]. Indem ich die annales capituli Cracov. mit a. c. Cr., die compilati mit a. Cr. c., die annales Poloniae mit a. P., endlich die mit den genannten eng verwandten Annalen in der Ausgabe des Dzirswa [3] p. 30 ff. mit Dz. bezeichne, lasse ich die betreffenden Stellen folgen.

p. 686 [4] vergl. a. P. 634 f.

p. 693 f. [5] dürfen wir vielleicht jene alten Cracauer Annalen, deren Spuren wir in den a. c. Cr. p. 598 und a. P. 634 erkennen, als Quelle vermuthen.

p. 694 ist das Datum der Schlacht bei Suchodol aus den a. c. Cr. 598.

p. 697 [6] fügt Dl. zu dem Berichte der a. Cr. c. 598 und a. P. 634 f. hinzu, die Preussen, die er mit Litthauern und Jatwägen verbunden sein lässt, seien auf Anreizung Conrads von Masovien in Polen eingefallen. Gleich darauf aber p. 698 lässt Dl. die Preussen in Conrads eigenes Land einbrechen, nach einer unbekannten Quelle.

Antheil an der Abfassung der Annalen genommen hat, und nicht aus den Cracauer Aufzeichnungen schöpfte. — Bielowskis Recension in: Bibl. Ossolinskich p. 310 ff., die ich nur aus dem Referat Mosbachs in der schlesischen Ztschr. f. Gesch. Bd. IX, 395 ff. kenne, sucht den Leser gegen die Genauigkeit der Arndt-Röpellschen Ausgabe misstrauisch zu machen und stellt eine neue in den Mon. Pol. hist. in Aussicht.

[1] Mon. G. h. SS. XIX, 583. 610.
[2] S. zu Dl. p. 693 f. 799, 802, 823, 842.
[3] Danzig. 1749 unter dem Namen Vincentius Kadlubko. Die Annalen ebenda p. 45 ff. sind nur eine andere Hdschr. von a. P. IV.
[4] Ad Tartarorum — discerpunt.
[5] Omnium Cracoviensium — Cracoviensi urbi imminebat, amota.
[6] Cladem suam — abegerunt.

p. 704 f. [1]) haben die a. c. Cr. 598 vorgelegen. S. über das Verwandtschaftsverhältniss von Mesko von Oppeln zu Conrad von Masovien Chron. princ. Pol. bei Stenzel, SS. rer. Sil. I, 109.

p. 709 [2]) kommt zu der allgemeinen Betrachtung über die friedlichen Folgen von dem Ableben Conrads von Masovien die Nachricht des Todes seines Sohnes Boleslaw aus a Cr. c. 598.

p. 714 [3]) ist aus a. c. Cr. 599. 600. 603, vita Stanislai [4]) 369 und der mitgetheilten Bulle zusammengesetzt. Bischof Prandothas Antheil an den Bemühungen für die Kanonisation des h. Stanislaus wird von der vita Stanislai wiederholt erwähnt.

p. 718 f. [5]) vergl. a. c. Cr. 599 und Dl. p. 714.

p. 719 [6]) vergl. a. c. Cr. 299 und a. P. 634 f. Dass damals dort in Bochna eine Stadt gebaut wurde, ist wohl nur Vermuthung des Dl.

p. 733 f. [7]) vergl. a. c. Cr. 600 mit der Anm. 94. Dass König Bela von Ungarn Boleslaw von Cracau zum Einfall in Mähren angereizt, schloss Dl. aus Pulkawa [8]) 223.

p. 744 ist der Ort Lancicz für die Synode nach a. c. Cr. 600 angegeben.

p. 750 [9]) vergl. a. c. Cr. 600. Ueber die Sache, Beschenkung Cracaus mit deutschem Recht, s. Röpell 579 mit der Anm. und Mon. 600, Anm. 99.

p. 751 [10]) folgt Dl. a. c. Cr. 600, verändert aber dabei „infra horam prime" in „tertiarum hora".

---

[1]) Parvo quoque — reciderunt in irritum.
[2]) Magna tranquillitas — humanis.
[3]) Crescentibus — exemplar.
[4]) Zusammen mit Martini Galli chron. recens. Baudtke. Varsaviae 824.
[5]) Miraculis beatissimi — adjuncti sunt.
[6]) In villagio — est locatum.
[7]) Boleslaus — deducta est.
[8]) ed. Dobner, Mon. h. Boemiae, III.
[9]) Urbem suam — distinguit; und Alexander — jussit.
[10]) Cracoviae — hora.

p. 754 ¹) vergl. a. P. 635. Auf derselben Seite ist das Erdbeben nach a. P. 634 wiederholt. Dass auch Böhmen, Russland und Ungarn von diesem Unglück heimgesucht sein sollen, wird sonst nicht bestätigt.

p. 758 ²) schildert Dl. den Tartareneinfall nach a. c. Cr. 600 f.; die Zeitdauer von drei Monaten ist Zusatz.

p. 764 ist die Chronik des sogenannten Boguphal mit den a. c. Cr. 601 combinirt. S. oben p. 40 f.

p. 765 ³) vergl. a. c. Cr. 601 und Dl. 763.

p. 769 stammt die Sonnenfinsterniss aus a. P. 636 f.

p. 770 f. ⁴) vergl. a. c. Cr. 601; a. P. 636 f. und die im Wortlaut citirte Bulle. S. über die Jatwägen unten.

p. 772 ⁵) vergl. a. c. Cr. 601. S. über Woyschalks Eintritt in ein Kloster unten.

p. 773 ⁶) vergl. a. P. 636 f.

p. 773 f. ⁷) hat Dl. die Nachricht der a. c. Cr. 602 ausgemalt; dasselbe wiederholt p. 776.

p. 774 ⁸) vergl. a. P. 636 f. und a. c. Cr. 602. Dass die Griffina die Tochter Rocizlaws war, s. a. P. 644.

p. 776 ff. vergl. a. c. Cr. 602 und B. 76. S. oben p. 29 f.

p. 778 ⁹) vergl. a. c. Cr. 602. Der Zuname des Grafen Jazdo: „de Przemanow" ist aus B. 76. Die andere genealogische Notiz ist, als Eigenthum des Dl., unzuverlässig.

p. 784 vergl. a. P. 636 f. und a. c. Cr. 604; ausserdem B. 77, s. oben p. 29.

p. 788 ¹⁰) hat Dl. a. P. 636—639 und Dz. 31 mit ein-

---

1) Quo siquidem negotio — Hungaria fuerat.
2) Tartari vero clade — decem et octo conflixerant.
3) Casimirus — redigit ditionem.
4) Boleslaus — Datum Romae etc.
5) Non defuit — coepit.
6) in Polonia tamen — mortalitas secuta est.
7) Multus et frequens — referunt.
8) Qui etiam — instauraverat.
9) Vigesima prima — proficisci.
10) Multa monstra — deo mulctarentur.

ander verbunden, und zwar so, dass er die Daten der Geburt der Sechsunddreisslinge und der Himmelserscheinung mit einander vertauscht. Wir können das aus der Art und Weise erklären, in der er seine Quellen benutzte, s. oben p. 12 f.

p. 791 [1]) (König Stephan besucht das Grab des h. Stanislaus) hat Dl. seine Vorlagen a. c. Cr. und Dz. 31 sehr ausgeschmückt. Auch die Nachricht, dass Herzog Boleslaw den König bis Sandecz begleitet habe, ist eine nahe liegende Erfindung, da es der Grenzort zwischen Polen und Ungarn war.

p. 794 [2]) vergl. a. P. 638 f. Die Ortsangabe „in monasterio fratrum minorum" ist ein Zusatz des Dl.

p. 795 f. sind ausser anderen Aufzeichnungen (s. u. p. 67) auch die a. c. Cr. 605 und a. P. 638 benutzt.

p. 799—802 [3]) dürfen wir vielleicht eine Benutzung der alten verlorenen Cracauer Annalen vermuthen. Die Ableitung derselben in den a. P. 838—841 hat jedenfalls vorgelegen; und Chron. Polon. Stenzel, SS. I, 22. Für den Vertrag zwischen Przemisl von Böhmen und Boleslaw von Cracau mag eine verlorene Urkunde herangezogen sein. Aber für das Datum der Schlacht bei Boguczyn, die Namen der Gefallenen, das Datum des Litthauereinfalls; endlich der Traum von dem Wolfe müssen wir auf die verlorenen Annalen verweisen. Das übrige von Dl. hinzugesetzte Detail verdient natürlich keine Berücksichtigung.

p. 802 [4]) vergl. a. P. 638—640. Der Angriff der beiden Herzöge Lessko und Conrad auf das Land der Preussen wird sonst nicht bestätigt. Das Datum des Einfalls in Oppeln ist sonst auch nicht überliefert. Vielleicht hatte Dl. auch hier vollständigere Annalen zur Hand.

Ueber die Benutzung der a. P. 649 auf p. 803 s. oben p. 46.

---

[1]) Stephanus — est prosecutus.
[2]) Consors Lesthonis — quaesitura.
[3]) Veteres simultates — patenter exceptae sunt.
[4]) Lithuanis — pervastatae sunt.

p. 803 f. ¹) vergl. a. P. 640.
p. 806 ²) vergl. a. P. 640 f.
p. 805 ³) scheint der Bericht der a. P. 640 sehr ausgeschmückt, doch weist das Datum entweder auf die verlorenen Annalen oder eine verlorene Urkunde.
p. 807 ⁴) vergl. a. P. 640 f. Die gelehrte Bemerkung über den Einfluss des Gebirges auf die Kälte ist natürlich ein Zusatz des Dl.
p. 811 ⁵) vergl. a. P. 640 ff. Zemomisl nennt Dl. hier Herzog von Lancicz; das ist aber ganz unsicher, s. Röpell p. 491, Anm. 9. Der Einfall der Litthauer ist p. 816 wiederholt.
p. 814 ⁶) vergl. a. P. 642 f.
p. 816 ⁷) scheint Dl. a. P. 642—4 blos ausgeschmückt zu haben. Die Namen der Tochter Boleslaws s. vita Hedv. 110 f.
p. 817 f. ⁸) vergl. a. P. 644 f. und Dz. 32. Die Angaben über die Herzogin Cunigunde stammen vielleicht aus einer verlorenen vita derselben.
p. 818 f. ⁹) vergl. a. P. 643 f.
p. 819 ¹⁰) vergl. a. P. 644.
p. 820 f. ¹¹) folgt Dl. a. P. 644 f. mit einigen Ausschmückungen, wie zum Beispiel der Uebergang über das Eis eine solche ist. Bei der Angabe über die Anzahl der Todten beruft sich Dl. auf schriftliche Quellen (scribuntur), die uns nicht mehr erhalten sind.

---

1) In Cracoviensi — quoque amisit.
2) Prodigium — praecisuri.
3) Separationem — servata est.
4) Miles quidam — Annam nominavit.
5) Clodi — loco habitum est.
6) Apud Cracoviensem — horribilem edebat.
7) Magnae caritatis — Deo de cetero famulatura concessit.
8) Excessum Boleslai — simulatione fucati.
9) In particulari — in coelum.
10) Vigesima — decidit.
11) Successionem — abducta scribuntur.

p. 821 f. ¹) hat Dl. ausser a. P. 646 wahrscheinlich den Einladungsbrief, von dem hier die Rede, vor sich gehabt. Aus diesem würde das Orts- und Tagesdatum zu erklären sein.

p. 823 ²) wird wohl nur auf der kurzen Notiz in a. P. III. p. 647 beruhen. Vielleicht lagen aber auch die verlorenen Annalen vor.

p. 824 ³) vergl. a. P. 642. 646. Statt „quoddam castrum" setzt Dl. eine der bekanntesten Städte Ungarns Wyschegrad.

p. 825 ff. ⁴) verwechselt Dl. den Erzengel Michael mit Gabriel (cf. p. 827), sonst folgt er mit vielen Phrasen dem kurzen Bericht der a. P. 646 f.

p. 827 f. ⁵) lagen Dl. die a. P. 646 f. vor. Dass der Castellan von Sandomir, Christinus, und der Bischof Paul an der Verschwörung gegen Lessko von Cracau theilgenommen, setzt Dl. hinzu. Ueber ersteren haben wir gar keine Nachrichten, die Theilnahme des letzteren wird durch die Sachlage wahrscheinlich: 1283 wird Bischof Paul von Lessko gefangen. Die Chronologie ist hier schwierig. 1285 wird uns der Sieg Lesskos über die Aufständischen in denselben Annalen noch 2 Mal erzählt. Die Hungersnoth in Russland setzt Dl. hinzu.

p. 828 ⁶) vergl. a. P. 646 und a. Cr. c. 605.

p. 828—831 ⁷) erzählt Dl. den Einfall der Litthauer nach a. P. 646. Nur den Ort Rowna hat er aus a. Cr. c. 605.

p. 831 ⁸) a. P. 648. Der Zusatz, dass der Herzog wegen Vacanz des erzbischöflichen Stuhles von Gnesen nicht dem Bann verfiel, ist falsch, s. die Bulle bei Theiner, Mon.

---

1) Cruciatus quondam — sigillatim includit.
2) Pruthenorum — poenas.
3) Ille gravitatem et rigorem — frustraretur.
4) Jaczwingorum reliquiae — veneratione et cultura.
5) Ex Lithuanica — non indignum putarunt in volvere.
6) Philippus — universis.
7) Exacerbati — opera ediderit.
8) Invasionem — deportatur.

Pol. I, 89, wo den Bischöfen von Breslau und Posen ein derartiger Auftrag gegeben wird. Ueber die Chronologie vergl. Röpell 537 Anm. 4 und 538 A. 5.

p. 831 f. [1]) führt Dl. Volkslieder als seine Quelle an. Den Tod der Lukardis geben a. P. 648 an, aber ohne Tagesdatum, das aus einer verlorenen Aufzeichnung stammen muss.

p. 832 [2]) vergl. a. P. 648. Die Vertrautheit des Erzbischofs Jacob Swinka mit Martin IV. ist eine Bemerkung des Dl., die durch die Bulle bei Theiner a. a. O. 90 nicht bestätigt wird. Martin IV. schreibt dort: „ad personam tuam (sc. Jac. Sw.), cui de vita laudabili .. laudabile testimonium adhibetur." a. P. sprechen von „5 Bischöfen", die bei der Consekration Jacobs anwesend waren, Dl. zählt nur 4 und nennt ihre Namen, von denen wir Goslaus und Wolmio nicht mehr controliren können.

p. 832 f. [3]) hat Dl. zu dem Bericht der a. P. 648 die Amtsdauer nach eigener Berechnung (cf. p. 795), die Nachricht, dass Strelna ein Prämonstratenser-Kloster, war vielleicht aus der Kenntniss seiner Zeit, die genealogische Notiz aus seiner Phantasie hinzugefügt.

p. 834 f. [4]) folgt Dl. allein den a. P. 648. Die genaueren Angaben scheinen eigene Combination zu sein.

p. 836 f. [5]) vergl. a. P. 648 und Chron. pr. Pol. 114. Auch einige Urkunden sind benutzt, s. unten p.

p. 837 ff. [6]) giebt Dl. weitläufig ausgeschmückt die Nachrichten der a. P. 648 ff., S. 95 und Dz. 33 wieder. Dass auf die angeführten Namen der vornehmen Beamten Nichts zu geben sei, zeigt Röpell 541, Anm. 9. Ueber die Theilnahme Bischof Pauls an der Verschwörung gegen Lessko s. oben p. 56 f. Das Datum der Flucht Lesskos aus Cracau ist vielleicht aus den verlorenen Annalen.

---

[1]) Quatuordecima — potiri.
[2]) Praelatis — obtulit.
[3]) Albertus — Zabawa.
[4]) Inescatus — soluta est.
[5]) Epiphanorum — habitavit.
[6]) Sedata paullulum — conformaret illorum.

p. 840 ¹) vergl. 648. Die Angabe, Sandivoys Vater Johannis sei Palatin von Posen gewesen, und die anderen kleinen Zusätze werden nicht bestätigt. Uebrigens ist der Text der a. P. corrumpirt, da Johannes Menschicz als dux Wratislaviensis bezeichnet wird ²). Es ist an dieser Stelle sehr wahrscheinlich, dass dem Dl. ein besserer Text vorlag.

p. 840 ³) vergl. a. P. 650.

„ „ ⁴) vergl. a. P. 648.

p. 841 ist die Pest, die die Tartaren aus Ungarn vertreibt, wird a. P. 648 erwähnt.

p. 841 ⁵) vergl. a. P. 650 f. und Pulkawa bei Dobner, Mon. h. Boem. III, 243.

p. 841 ⁶) vergl. a. P. 650 f. Gostyn gehörte, wie Dl. richtig behauptet, zum Besitz des Wladislaw Lokietek, s. die Urk. von 1275 in R. et M. cod. dipl. Pol. I, 96.

p. 842 ⁷) vergl. a. P. 650. Hinzugefügt sind der Name der Tochter Przemisls II. von Grosspolen, die Rückgabe Gostyns von Seiten Conrads von Masovien an Wladislaw Lokietek, und der Zuname des Bischofs Johannis von Posen, vielleicht nach den verlorenen Annalen.

p. 842 ⁸) vergl. a. P. 650. Die Rückgabe Gostyns an Conrad von Masovien ist sonst nicht bekannt.

p. 843 ⁹) vergl. a. P. 650. Der Zuname des Herzogs Bernhard „agilis" findet sich Chron. princ. Pol. a. a. O. p. 111, er war übrigens Herzog von Schweidnitz. ibid. 122, nicht von Liegnitz, wie Dl. hinzufügt.

---

¹) Nondum — reddidit.
²) Im Register zum XIX. Bande der Mon. wird er auch fälschlich so bezeichnet.
³) Successorem — celebrat solemnitatem.
⁴) Pestiferi vermes — exanimabatur.
⁵) Kunegundis — sepulta.
⁶) Indigne et moleste — Conradus Masoviensis et Czirnensis dux accepit.
⁷) Magna spe — consecravit.
⁸) Stragem — redditum.
⁹) Bernardus — sepelitur.

p. 847 f. [1]) vergl. Dz. 33.

p. 851 f. [2]) dehnt Dl. den Bericht der a. Cr. c. 606, aus welchen er die Partheinahme Bischof Pauls gegen Heinrich von Breslau entnahm, und den der a. P. 650 in seiner gewöhnlichen Manier aus. Möglicher Weise hat er an dieser Stelle auch die verlorenen Annalen benutzt. Den Todestag Lesskos von Cracau geben auch die ann. Grissov. Mon. G. h. XIX, 541 zum J. 1288. Dass Syrecz 1289 in den Händen Wladislaw Lokinteks war, bezeugen zwei Urkunden desselben: R. et M. cod. d. P. I, 137: Lestkone viam universae carnis ingresso, ... nobis, qui eidem in ducatu Syradiensi successimus, und ibid. II, 1, 115 vom J. 1290: Wladislaus, dux Cujaviae et Syradiae etc.

p. 853 ff. [3]) vergl. a. P. 650 und Chron. princ. Pol. 148. Die Zusätze des Dl. sind natürlich ganz unzuverlässig.

p. 857 ff. [4]) und p. 862 f. [5]) verdienen eine genauere Betrachtung. Hier ist das Wahre und das Falsche so eng verflochten, dass wir Satz für Satz vorgehen müssen, um das Verhältniss des Dl. zu seinen Quellen in's rechte Licht zu stellen.

Nach einer phrasenhaften Einleitung sagt Dl. zum J. 1291: Während Wladislaw Lokietek, Herzog von Siracz und Sandomir, mit Przemisl von Grosspolen, der Cracau occupirt hatte, um letzteres stritt, nahte sich diesen Herzogthümern ein grösseres Verderben. Das ist vollkommen richtig. A. P. 1290 p. 652 heisst es: Primislaus Cracoviam optinuit, Wladislaus Sandomiriam [6]). Aus der Fassung der Worte durfte

---

[1]) Tetris itaque nominatis — justiori habita aestimatione censeri.
[2]) Variis cladibus — Wratislaviam revertitur.
[3]) Opressum — concessae.
[4]) Funesto Marte — opus fore.
[5]) Crebra — grassatus.
[6]) Dass Wladislaw auch Herzog von Siracz war, geht aus der Urk. desselben vom 15. Mai 1291 (R. et M. I, 136) hervor. Für Przemisls Anwesenheit in Cracau vergl. die von Röpell, 546 Anm. 20 angeführte Urk. vom 6. Sept. 1290.

Dl. auf einen Gegensatz und Streit zwischen beiden Herzogen schliessen. Dann folgt die schon oben p. 6 ff. behandelte Schenkung Griffinas an Wenzel von Böhmen, wo Dl. den Bericht des Pulkawa durch weit hergeholte Bedenken zu verdächtigen sucht. Es wird uns weiter richtig nach Pulkawa 251 erzählt, wie König Wenzel, nachdem er den Nicolaus aus Troppau verdrängt, und nach erhaltener Schenkung den Bischof Thobias von Prag nach Cracau schickt. Nur geschah das nach Pulkawa schon 1290. Dann wird Cracau von Herzog Przemisl dem Gesandten des Böhmenkönigs übergeben; cf. a. P. 1291: terra Cracoviensis regi Bohemiae traditur per ducem Polonie Primislaum. Das Motiv zu dieser Uebergabe, Przemisl habe sie aus Neid gegen Wladislaw bewerkstelligt, weil dieser wohl sonst auch noch Cracau zu seinem übrigen Besitze hinzu erworben hätte, hat nur den Werth einer blossen Vermuthung des Dl., die durch das Wort traditur veranlasst war. Ein böhmisches Heer dringt jetzt weiter ins Land vor, erobert Vislicia und Oblekom. Diese Nachricht lässt sich durch a. P. 1291: „Wladislaus dux Wyliciam et Oblekom expugnavit" rechtfertigen. Wladislaw eroberte sie doch wohl von den Böhmen. Daran aber schliesst sich bei Dl. chronologisch falsch die Zurückweisung des böhmischen Heeres von Sandomir, die aber nach den a. P. erst nach der Rückeroberung durch Wladislaw erfolgte. Die Uebersiedlung der Griffina nach Prag ist nach Pulkawa richtig erzählt [1]. Dann sagt er: seit dieser Zeit habe sich Wenzel als Herzog von Cracau und Sendomir gerirt und titulirt. Das wird schon für den 7. Februar 1291 bestätigt durch die Urkunde Heinrichs von Voschow, Burggrafen des Herzogthums Cracau, der Wenzel als wahren Landesherrn anerkennt [2]. Jetzt erst folgt bei Dl. die Rückeroberung von Vislicia durch Wladislaw, und darauf die bei Pulkawa 1291 erwähnte nochmalige Sendung

---

[1] Nur verändert Dl. den Namen des h. Franciscus in den des h. Jacobus.
[2] Fiedler, Böhmens Herrschaft in Polen in: Arch. f. K. oestr. Gesch.-Quellen p. 176.

des Thobias nach Cracau. Dass dieser aber, ohne viel auszurichten wieder abzieht, folgert Dl. mit Recht aus den Worten Pulkawas 1292: De partibus Polonie mittuntur nuncii ad principem Wenceslaum, qui ducatum Cracovie, de quo se dictus princeps nuper intromiserat, referunt devastari.

p. 862 f. zum J. 1292 berichtet Dl. nach Pulkawa den Auszug Wenzels nach Cracau, wohin er ihn nach dem 15. August (post assumptionem dominae nostrae diem) gelangen lässt [1]). Nach Pulkawa geht Wenzel „sofort" zum Angriff auf Siracz über. Dl. lässt ihn fälschlich mehrere Wochen in Cracau verweilen. Die Beschreibung von Wladislaws Taktik gegen den Feind ist reine Erfindung. Das Datum der Eroberung von Siracz ist nach Pulkawa richtig angegeben. Nach Dl. bleibt aber Wladislaw im Besitz der Burg dieser Stadt und herrscht in Cracau und Sandomir nach wie vor; während a. P. deutlich sagen: Eodem anno (1292) rex Bohemie Siracz acquisivit; und Pulkawa sogar den Wladislaw gefangen nehmen lässt. Dass letzteres das durchaus Wahrscheinlichere s. Fiedler p. 170.

p. 869 wird der Tartareneinfall nach a. P. 652 f. erzählt, wenn auch etwas ausgeschmückt. Er wird mit dem Kampfe zwischen Wladislaw Lokietek und Wenzel von Böhmen um Cracau in Beziehung gesetzt.

In gewisser Verwandtschaft mit den Cracauer Annalen stehen die annales S. Crucis Polonici. Sie sind im Kloster Lysa gora (Calvus mons) im Palatinat Sandomir geschrieben [2]). Schwerlich sind sie aber zuerst im Jahre 1270 niedergeschrieben; denn zum Jahre 1260 wird uns eine Bulle Bonifaz' VIII. mitgetheilt; die Original-Notizen beginnen auch schon 1239,

---

[1]) Das Datum steht nicht in Pulkawa, wird aber dadurch bestätigt, dass Wenzel am 11. August aus Prag aufbrach, Fiedler p. 169. Die Bemerkung, Otto von Brandenburg sei des Königs Vormund gewesen, stammt aus Plk. 238.

[2]) Mon. G. h. XIX, 677.

nicht erst 1270. Die Abfassungszeit vermag ich freilich auch nicht zu bestimmen. Der älteste Codex ist vom J. 1434 [1]). Für die ältere Zeit sind Vincenz von Cracau (seine Chronik und vita Stanislai), Dzirswa und die verlorenen Cracauer Annalen benutzt [2]). Dass Dl. aus diesen Annalen geschöpft hat, zeigt die Vergleichung der Jahre 1259 bei Dl. und 1260 in den Annalen, wo beide die Bulle Bonifaz' VIII. für ihre Darstellung heranzogen; doch so, dass Dl. nur einen Auszug giebt; während die Annalen die ganze Bulle bringen. Nur an 6 Stellen scheinen sie der Darstellung des Dl. als Grundlage gedient zu haben.

p. 698 [3]) vergl. a. S. Cr. Pol. 681. a. a. 1243.

p. 757 ff. sind in der Darstellung des Tartareneinfalls, die nach dem Bericht des B. 73 verfasst ist, die Namen Petrus von Kremza und von dessen Bruder Sbignew aus den a. S. Cr. Pol. 681 a. a. 1260 eingestreut. p. 758 ist für den Bericht über die Ermordung der in die Marienkirche Geflüchteten [4]) unser Annalist die einzige Quelle. Die Flucht Boleslaws nach Ungarn scheint eine einfache Wiederholung von p. 674 a. a. 1241, wo kurz vorher p. 672 auch der Palatin Clemens genannt wird. Unsere Annalen haben die deutliche Angabe, Boleslaw sei nach Siracz geflohen. p. 759 [5]) lagen die a. S. Cr. Pol. 681 f. vor mit der in extenso citirten Bulle Bonifaz VIII. [6]).

p. 795 f. [7]) compilirt Dl. seinen Bericht über die Gefangennahme des Bischofs Paul von Cracau durch den Herzog Boleslaw aus den a. c. Cr. 1271 p. 605 und a. S. Cr. Pol. p. 682 a. a. 1267, wo aber durch das „anno tertio" auf das Jahr 1270 hingewiesen wird. Die Jagdliebe und die Entfüh-

---

1) Mon. G. h. XIX, 677.
2) ibid.
3) Ruthenorum — parere cogit.
4) sed et homines languidos — intellexit Tartaros in sua redisse.
5) Corpora eorum, qui — accurat.
6) Sie gehört ins Jahr 1296, wegen der Datirung pont. nri. anno II; denn Bonifaz wurde den 2. Jan. 1295 geweiht.
7) Ad illicitos — inolatum.

rung einer Nonne werden dem Bischof übrigens sonst nicht vorgeworfen. Dieses Verbrechen hat ihm Dl. vielleicht angedichtet auf Grund der Erzählung der a. P. 838 zum Jahre 1273, ebenso seine Verbindung mit den Litthauern. Die Betheiligung Herzog Lesskos an der Gefangennahme folgert Dl. daraus, dass der Bischof nach Siracz geschleppt wurde, dem Herzogthum Lesskos [1]). Die Friedensbedingung, dass dem Bischof Geld gezahlt werden sollte, beruht vielleicht auf einer verlorenen Urkunde.

p. 846, bei der Schilderung des Tartareneinfalles scheinen die a. S. Cr. Pol. 682 neben einer unbekannten Aufzeichnung benutzt zu sein. Gewiss sind sie es

p. 847, wo das Erscheinen der Tartaren vor dem Kloster Calvus mons erwähnt wird.

Eine dritte Hauptquelle, aus der Dl. für seine Darstellung im VII. Buch schöpfte, ist die Chronica principum Polonorum [2]). Sie ist zwischen 1384 und 1385 verfasst wahrscheinlich von einem Deutschen. Der Verfasser schreibt zu Anfang fast nur die Chronica Polonorum [3]) aus; ausserdem benutzte er den Martinus Gallus, die Viten der h. Hedwig und des h. Adalbert, wahrscheinlich auch Pulkawa und Martinus Polonus. Ob auch Cosmas von Prag und die vita Stanislai ihm vorgelegen, ist zweifelhaft. Im Allgemeinen ist die Chronik nicht nur glaubwürdig, sondern sogar sehr zuverlässig [4]). Ueber die Art und Weise, wie Dl. sie für seine Darstellung verwandte, kann soviel gesagt werden, dass er sie meist zu genealogischen Nachweisen benutzte, und wo sie

---

[1]) cf. R. et M. cod. dipl. Pol. I, 88 u. 108.
[2]) Stenzel, SS. rer. Sil. I, 88—172.
[3]) ibid. p. 1—32 und Mon. G. h. XIX, 553 f. Ob Dl. auch diese vor sich gehabt, ist schwierig zu entscheiden, eben weil sie fast ganz in die Chron. princ. Pol. übergegangen ist. Einzelne Notizen weisen allerdings auf sie hin, die weiter unten angeführt sind.
[4]) Stenzel a. a. O. p. X ff.

als Vorlage für geschichtliche Thatsachen diente, dieselbe weniger entstellt hat, als die beiden oben behandelten grösseren Aufzeichnungen.

p. 688 [1]) vergl. Chron. pr. Pol. 108 f. Wladislaw von Breslau hat übrigens nicht auch in Paris (Dl. oder dessen Herausgeber lesen falsch: Perusii) studirt, sondern in Padua [2]). Die Sorge der h. Hedwig für das Studium ihrer Grosssöhne ist nur eine nahe liegende Vermuthung des Dl.

p. 688 f. [3]) vergl. Chron. pr. pol. 106. Der Name Elisabeth ist aus v. Hedv. 113. Die Betheiligung der h. Hedwig an dieser Angelegenheit ist Zusatz.

p. 704 stammt der Nachweis, dass Miesko, der Schwiegersohn Conrads war, aus Chr. pr. Pol. 109.

p. 709 [4]) hat Dl. Chr. pr. Pol. 107 u. 109 ausgeschmückt. Die Zeitdauer der Belagerung von Breslau (3 Monate) ist Erfindung; dieselbe Belagerung wird p. 712 u. 716 wiederholt, wozu sich Dl. nach den Worten der Chronik: „tribus expeditionibus obsedit Wratislaviam" berechtigt glaubte.

p. 712 [5]) vergl. Chr. pr. Pol. 107 und die Bemerkung zu p. 709 u. 716.

p. 716 f. [6]) vergl. Chr. pr. Pol. 107 f. und die Bemerkung zu p. 709; ausserdem B. 63.

p. 778 f. [7]) vergl. Chr. pr. Pol. 109 f. Ueber die Namen Judith und Hedwig s. v. Hedv. 111. Das Todesdatum Heinrichs III. von Schlesien nahm Dl. wohl aus den epitaphia ducum Wratisl. [8]), wo es heisst: a. d. millesimo (folgt eine Lücke) Nonas Dec. obiit ... Henricus. Die annales

---

[1] Im zweiten Abschnitt: occisioneque patris Henrici — militiam agebant.
[2] Chr. pr. Pol. 162.
[3] Quam quidem — copulavit.
[4] Cracoviensibus — cogeretur.
[5] Boleslaus — satagens ultum iri.
[6] Duabus expeditionibus — fore inferenda.
[7] Henricus Slesiae — absumptus.
[8] Mon. G. h. XIX, 551.

Wratisl. ¹) geben III Non. Dec., die annales Cisterc. in Heinrichow ²): III Cal. Dec.; die vita Annae ³): in crastino S. Andreae apostoli (1. December) ⁴); das martyrologium ad S. Claram ⁵): in vigilia S. Andreae apostuli (29. Nov.) ⁶). Man darf vielleicht die Angabe der Epitaphia mit der der ann. Wratisl. antiqui dahin vereinigen, dass in der Lücke bei den ersteren keine III gestanden hat. Die annales Cist. haben dann III Cal. statt III Non. geschrieben. Der Festtag des h. Andreas wird erst später hinzugetreten sein ⁷).

p. 782 ⁸) vergl. Chr. pr. Pol. 161 f. und p. 788.

p. 788 ⁹) vergl. Chr. pr. Pol. 110 und 162. Dass der Bischof Thomas von Breslau von dem Erzbischof von Gnesen geweiht wurde, setzt Dl. hinzu, da das Bisthum Breslau damals dem Erzbisthum Gnesen untergeordnet war ¹⁰). Der Ort der Weihe, Siracz, ist sonst nicht bekannt.

p. 795 ¹¹) bereichert Dl. seine Vorlage, Chr. pr. Pol. 109 f. Der Name Brigitte für die zweite Gemahlin Conrads von Glogau mag aus einer Urkunde sein. Der Zusatz über Conradin stammt aus Ptolemäus von Lucca ¹²).

---

¹) Mon. G. h. XIX, 528.
²) ibid. 545.
³) Stenzel a. a. O. II, p. 131.
⁴) Dieser Angabe folgt Stenzel in: Urkk. des Bisth. Bresl. Vorrede p. XLVI.
⁵) s. Sommersberg I, 322.
⁶) Dieser Angabe folgt Stenzel in: SS. rer. Sil. I, 35, Anm. 2. Wattenbach, Mon. Lubensia p. 17 Anm. 8 scheint dies für falsche Lesung statt in crastino zu halten.
⁷) Der Grabstein Heinrichs III. ist noch vorhanden, aber durch Vormauerung die Inschrift verdeckt. S. Knoblich, Herzogin Anna von Schlesien, p. 108, der auch den 8. Dec. (III Non. Dec.) annimmt.
⁸) Tertio Cal. — commendam.
⁹) Et Thomas electus — insigni fama; und die vorhergehende Notiz über die Juttha.
¹⁰) S. über dies Verhältniss: Heyne, Gesch. des Bisth. Breslau p. 101 ff.
¹¹) Orbatus uxore — obligavit et inscripsit.
¹²) Muratori, SS. rer. Ital. Tom. XI, p. 1165.

p. 799 ¹) vergl. Chr. pr. Pol. 109 f. Der Tod der Brigitte ist von Dl. hinzugesetzt, um die Vergabung ihrer Mitgift zu erklären. Die Summe von 10,000 fl. hat wohl Dl. selbst bestimmt.

p. 805 f. ²) vergl. Chr. pr. Pol. 111. 113. Der Name Hedwig mag aus der Chronica Polonorum 31 sein, der Name Adelheid vielleicht aus der Urkunde bei Sommersberg I, 330.

p. 806 f. ³) vergl. Chr. princ. Pol. 110.

p. 809—811 ⁴) vergl. Chr. pr. Pol. 110—113. Boleslaw von Cracau ist zu den Gegnern Boleslaws von Liegnitz willkürlich hinzugefügt; überhaupt meldet die Chronik die Anwesenheit der genannten Fürsten nicht, sondern nur die Mitwirkung ihrer Truppen. Die Hilfstruppen Boleslaws von Liegnitz combinirt Dl. aus Chron. pr. Pol. p. 112 f., wo von Deutschen allgemein gesprochen wird. Die Schwaben sind vielleicht besonders genannt, weil eine Tochter Boleslaw einen Grafen von Würtemberg zum Gemahl hatte. Die Gefangenschaft Przemisls von Posen ist sicher Erfindung, wenigstens findet sich sonst nicht die leiseste Andeutung davon. Der Passus über Glatz mag aus Pulkawa p. 240 entstanden sein. S. Palacky, Gesch. von Böhmen II, p. 325 mit der Anm.

p. 813 f. ⁵) vergl. Chr. pr. Pol. 111—113; v. Hedv. 111 und für den Beinamen Rogatka a. P. 650.

p. 835 ⁶) vergl. Chr. pr. Pol. 113 f.

p. 837 scheint ausser einigen Urkunden Chr. pr. Pol. 114 vorgelegen zu haben. Vergl. unten.

p. 845 f. ⁷) vergl. Chr. pr. Pol. 114. Der Anfang ist aus p. 836 f. wiederholt. Vergl. auch Stenzel, Urkk. des Bisth. Breslau p. LXXXI.

---

1) Breviusculum — successorem.
2) Hedvigis vocavit.
3) In grave — invideute.
4) Amplitudinem — quatuor millibus extiterat obligata.
5) Brevi — sepultus.
6) Guerra — redegit ditionem.
7) In annum quintum — scelus comissum expiando conferret.

p. 850 f. [1]) vergl. Chr. pr. Pol. 114 und eine Urkunde s. unten. Dass Heinrich der Dicke und Boleslaw von Schweidnitz zum Ritter geschlagen wurden, findet sich nicht in den Quellen.

p. 853 f. ist Chr. pr. Pol. 148 mit anderen Aufzeichnungen verbunden. S.

p. 855 [2]) vergl. Chr. pr. Pol. 114 f.

p. 861 [3]) vergl. Chr. pr. Pol. 115 f. Dl. übernimmt hier den Fehler seiner Vorlage und nennt den Herzog von Glogau Conrad statt Heinrich.

p. 864 f. [4]) vergl. Chr. pr. Pol. 115 f.

p. 866—869 [5]) vergl. Chr. pr. Pol. 116 ff. Das Datum der Gefangennahme, 9. Oct., scheint falsch zu sein. Die annales Wratislav. maj. (Mon. G. h. XIX.) p. 532 haben „ad festum S. Martini"; die annales Grissow. maj. (ibid.) p. 541: circa festum Martini.

Eine fernere wichtige Quelle, ebenfalls oder vielleicht noch mehr, wie die Chronica princ. Pol., reich an genealogischen Notizen, ist die vita Hedvigis [6]).

Die Herzogin Hedwig, Gemahlin Heinrichs I. von Schlesien, genoss schon während ihrer Lebzeiten wegen ihres frommen Wandels und milden Stiftungen grosse Verehrung. Nicht lange nach ihrem Tode (1243) bemühte man sich um ihre Heiligsprechung, die man auch 1267 vom Pabste Clemens IV. erreichte. Auf Grund der Canonisationsbulle, Untersuchungsakten, genealogischer Aufzeichnungen scheint dann die Vita verfasst zu sein, nicht vor dem Ende des XIII. oder Anfang des XIV. Jahrhunderts [7]).

---

[1]) Henricus quartus — abnuisset.
[2]) undecimo Cal. Augusti — possessionem.
[3]) Dejectione — prastiturum.
[4]) Repressurus — praestabat.
[5]) Intelligens — poterat restitui.
[6]) Stenzel, SS. rer. Sil. II, 1—126.
[7]) Lorenz, Deutschl. Gesch.-Quellen p. 198 f.

Dl. hat die verhältnissmässig dürftigen historischen Notizen der Vita geschickt zu verwerthen gewusst, indem er bald nur einzelne Namen herausnahm, bald mehrere zerstreute Notizen zusammenfasste.

p. 676 [1]) vergl. v. H. Die Lage von Krossen hat Dl. aus eigener Kenntniss näher bezeichnet.

p. 677 [2]) stammt, wenn auch etwas verändert, aus vita Hedv. 44.

p. 681 [3]) vergl. v. H. 44.

p. 681 f. [4]) vergl. v. H. 13 f.

p. 688 [5]) vergl. v. H. 110.

p. 689 ist der Name Elisabeth aus v. H. 113.

p. 696 f. [6]) setzt sich aus mehreren Notizen der v. H. zusammen, nehmlich aus p. 53 [7]), p. 29, 47 und 5.

p. 717 im letzten Absatz hat Dl. den Namen Judith und p. 818 die Kinder Heinrichs III. der v. H. 111 f. entnommen.

p. 745 ist Bela ein Bruder der h. Hedwig genannt, nach v. H. 3.

p. 750 (unten) stammen die Notizen über die Töchter Przemisls von Grosspolen aus v. H. 113; nur nennt Dl. die Anna Veronica. Vielleicht war der Klostername der Anna so. Ein Aebtissinnen-Verzeichniss ist uns nicht erhalten.

p. 760 [8]) vergl. v. H. 113 und B. 73. Dass Constantia die älteste Tochter Przemisls war, folgt aus der Voranstellung bei der Aufführung aller vier Töchter in der vita. Die Nachrichten über die drei anderen Töchter hat Dl. aus Nachlässigkeit etwas verändert. Anna, die wie oben p. 750 Ve-

---

[1]) Tartari — quievit.
[2]) Deinde a matre — voluntati.
[3]) Oben: Quam — Adleidi virgini revelavit.
[4]) Foemina benedicta Hedvigis — Majestati commendo.
[5]) Reliquerat siquidem — Ottokari Bohemiae regis susceptos.
[6]) Foemina — aestuata non est.
[7]) Dl. folgt für das Todesdatum der Hedwig einer jüngeren Inschrift an ihrem Grabe. Alle Handschriften und die Canonissationsbulle haben: Id. Oct. Stenzel, II, p. 53 Anm. 1.
[8]) Boleslaus — absumptae sunt.

ronica genannt wird, war nicht auch Aebtissin in Trebnitz, sondern in Owinsk, und Offka trat nicht in das St. Clarenkloster zu Gnesen, sondern zu Breslau, wie die vita H. richtig angiebt [1]).

p. 767 [2]) ist aus verschiedenen Stücken der v. H. zusammengebracht: p. 97 und p. 94 f.

p. 773 [3]) vergl. v. H. 94 f.

p. 779 (im ersten Abschnitt) hat Dl. den Namen Judith der v. H. 111 f. entlehnt.

p. 781 [4]) vergl. 94 ff. Das Wunder von Hedwigs Prophezeihung ihres Canonisationsdatums fügt Dl. hinzu, vielleicht nach einer anderen verlorenen Handschrift der vita.

p. 783 f. [5]) scheint aus v. H. 96 f., wenn auch in der Fassung etwas verändert, entlehnt.

p. 814 (oben) sind die Namen der Töchter Boleslaws von Liegnitz aus der v. H. 111.

Als letzte sicher von Dl. benutzte polnische historiographische Aufzeichnung führen wir die vita Stanislai [6]) an.

Stanislaus, Bischof von Cracau, wurde 1079 in der Kirche vom Könige Boleslaw II. ermordet. Er erlitt den Märtyrertod, weil er dem Könige stets unerschrocken seine Verbrechen vorgehalten, ihn zum Guten ermahnt, und, als Alles nichts half, gebannt hatte. Im J. 1253 wurde Stanislaus nach langen Verhandlungen mit der päbstlichen Curie heilig gesprochen. In demselben Jahre wurde auch die älteste uns

---

[1]) S. das betreffende Aebtissinnen-Verzeichniss bei Stenzel, SS. II, 131.
[2]) Si quis variis — coepisset.
[3]) Nuncii prioris — coacti sunt.
[4]) Canonisatione — exornat.
[5]) Quinta decima — interfuisse.
[6]) Gedruckt in: Martini Galli Chronicon rec. Bandtkie. Vars. 1824.

erhaltene vita des Heiligen verfasst ¹). Sie beruht für die ältere Zeit, das eigentliche Martyrium auf Vincenz, genannt Kadlubek ²). Den bisher unbekannten Verfasser dürfen wir wohl in dem Mag. Peter, Probst von Kylcin vermuthen, nach den Worten der annales cap. Crac. a. a. 1254 p. 600: Gedko miles obiit, qui centum vel amplius annorum senex exstitit. Hic multa miracula S. Stanyzlai magistro Petro preposito kyleiensi ea scribenti et gesta Polonorum militum inclitorum fideliter enarravit ³).

Es sind nur wenige Stellen, die hier in Betracht kommen p. 690 (im letzten Absatz) erzählt Dl. den Traum des Falislaus nach v. Stanislai 360 f. Dl. fügt confuser Weise einen Dominicellus hinzu, der den Traum, wie es beinahe scheint, mitgeträumt haben soll.

p. 714 ist in dem Bericht über die Gesandtschaft an den Pabst vom J. 1249 neben den a. c. Cr. 599 f. die vita Stanislai 369 benutzt.

p. 723 ff. bildete die v. Stanislai p. 365—375 und eine Bulle (s. unten p. 70) die Vorlage des Dl.

p. 737 ⁴) vergl. v. Stanislai 369.

Nicht ganz sicher ist das Verhältniss des Dl. zu den annales Silesiaci compilati ⁵). Diese sind im XV. Jahrh. verfasst, und zwar nach 1457, da die Historia de ordine Theutonicorum Cruciferorum von L. Blumenau von ihnen benutzt ist ⁶), und letzterer im genannten Jahre sein Werk vollendete ⁷). Es wäre daher auffallend, wenn Dl., der sein VII.

---

¹) Wattenbach, Deutschl. G.-Q. 384.
²) Zeissberg a. a. O. 179 ff.
³) Peter starb im selben Jahre. Mon. G. hist. XIX, 600 n. 95
⁴) Reginaldus cardinalis — subito curaverat.
⁵) Mon. G. h. XIX, 537—540.
⁶) SS. rer. Pruss. IV, 43.
⁷) ibid. 89.

Buch nach 1464 [1]) verfasste, schon die ann. Sil. comp. in sein Werk aufgenommen hätte. Dennoch werden sich die wörtlich übereinstimmenden Stellen der Annalen mit Dl. nicht gut anders erklären lassen. Möglich ist es auch, dass beide eine gemeinschaftliche Vorlage hatten. An eine Benutzung des Dl. aber durch die Annalen ist gewiss nicht zu denken; denn dann müsste dieselbe in grösserem Umfange hervortreten. Wer den Dl. vor sich hatte, zog schwerlich noch die kleineren Annalen heran, und doch zeigen die compilati, wenigstens bis 1227, eine grössere Verwandtschaft mit diesen als mit Dl. [2]). Folgende Stellen sind zu vergleichen:

p. 672 (unten) berichtet Dl. von der Schlacht bei Chmielk, die sich sonst nur ann. Sil. comp. 540 erwähnt findet.

p. 674 und 675 ist die Flucht Boleslaws des Schamhaften nach Ungarn zwei Mal, wie es scheint, nach derselben Quelle, den ann. Sil. comp. 540, erzählt.

p. 675 [3]) vergl. ann. Sil. comp. 540.

p. 676 mag das Datum für den Abzug der Tartaren von Breslau: „feria secunda paschae" aus dem ann. Sil. comp. 540 für die Ankunft in Liegnitz angeführten „feria secunda post octavas paschae" entstanden sein.

p. 681 stimmt der vierzehntägige Aufenthalt der Tartaren in Ottmachau mit ann. Sil. comp. 540 überein [4]).

p. 685 [5]) vergl. ann. Sil. comp. 540. Die Notiz des Dl., dass Boleslaw von Schlesien den Clemens zum Palatin von Cracau einsetzte, ist nicht mehr zu controliren.

p. 687 f. (die Uebergabe von Skala und Cracau an Conrad von Masovien) vergl. ann. Sil. comp. 540.

---

[1]) Damals wurde der Jeroschin für Dl. übersetzt, s. unt. p. 00.
[2]) Vergl. Grünhagen in: Cod. dipl. Sil. Bd. VII, p. 218: „Die ann. Sil. comp., die anscheinend Dl. als Quelle gedient haben."
[3]) Quam cum cives pavore — flammis incendunt.
[4]) Grünhagen a. a. O. p. 220 hat dies übersehen.
[5]) Post obitum — ulcisci injuriam suam quam primum statuit.

Die ann. Silesiae superioris (Mon. G. h. XIX, 552 f.) aus dem XIII. Jahrh. will ich noch kurz anführen, da sie wie es scheint auf den verlorenen Cracauer Annalen beruhen, und einige Notizen bringen, die auch Dl. wohl aus der gemeinschaftlichen Quelle geschöpft hat.

p. 711 [1]) vergl. a. S. s. p. 553.

p. 712 f. wird die Occupation von Ratibor durch B. Bruno von Olmütz gemeldet. Vergl. a. S. s. p. 553.

p. 719 [2]) vergl. a. S. s. p. 553. Dass die Herzogin Viola eine Bulgarin gewesen, wird sonst nicht erwähnt.

II. *Preussen.*

Die einzige preussische historiographische Aufzeichnung, die Dl. für sein VII. Buch benutzt hat [3]), ist eine Uebersetzung von Jeroschins Reimchronik. Sie ist von einem Geistlichen, der in Hessen geboren war, im J. 1464 für den Dl. gemacht und zeigt eine sklavische Abhängigkeit von der Vorlage; Abweichungen kommen nur aus Flüchtigkeit oder Missverständniss vor [4]). „Der Epitomator des Jeroschin," wie die Uebersetzung gewöhnlich genannt wird, ist nicht gedruckt. Wir können daher das Werk nur nach dem Jeroschin citiren.

Dl. hat aus dieser Quelle reichlichst geschöpft, auch dort, wo keine Beziehungen zu polnischen Angelegenheiten sich vorfinden; so bei den Kämpfen des Ordens mit den heidnischen Preussen und Litthauern, mit Swantopolk von Pommern etc. Dl. entstellt diese Aufzeichnung im Ganzen weniger durch Ausschmückungen und Erfindungen, als die polnischen. Wenn er bei den polnischen Nachrichten das Bestreben zeigt,

---

[1]) Ab eo quoque tempore — accepit.

[2]) Viola — moritur.

[3]) Mit Ausnahme einer ganz kurzen Notiz, die aus der Chronik Wigands von Marburg stammt, s. unten p. 58.

[4]) SS. rer. Pruss. I, 11 f., wo einzelne Beispiele missverstandener Stellen angeführt werden.

kurze annalistische Notizen möglichst breit zu paraphrasiren so beobachtet er bei der Uebersetzung des Jeroschin das umgekehrte Verfahren, indem er seine Vorlage meist nur kurz auszieht oder mehrere Capitel in einen Satz zusammenfasst. Die erste Stelle, die hier in Betracht kommt, ist p. 689 [1]). Die Erzählung von der Berufung des deutschen Ordens durch Conrad von Masovien ist eine Wiederholung von p. 644 (VI. Buch). Die Namen der angeführten Städte hat Dl. grösstentheils aus Jeroschin III, 27, Thorn Jer. III, 1, Culm ibid. III, 8, Elbing ibid. 16, Balga 19. Das Folgende stimmt mit Jer. III, 31—35. Dl. führt nur 3 Bisthümer in Preussen an, statt Jeroschin v. 6079: vier. Das vierte, Culm, rechnet Dl. nicht zu Preussen. S. Voigt, Gesch. Preuss II, 465, Anm. 2.

p. 695 [2]) vergl. Jer. III, 36. Dl. scheint ausser der hier erwähnten noch eine andere Legende von dem Haupte der h. Barbara gekannt zu haben; er erklärt, aus Mangel an Schriftstellern der Sache nicht auf den Grund gehen zu können [3]). Das Folgende ist aus B. 61 und Jer. 38. 39 zusammengearbeitet. Dl. giebt den Namen des Legaten, während seine Quelle ihn nicht nennt. Aus dem Zusammenhange in der letzteren geht aber hervor, dass Wilhelm von Modena gemeint ist [4]).

p. 700 f. [5]) Swantopolks Feldzug vor Culm und, was sich daran schliesst, ist aus Jer. III, 40. 43 ff. Die Verbindung Swantopolks mit den Litthauern und Jatwägen, den Fluss Ossa, den Verrath des Remka (Reinike) scheint Dl. aus einer Quelle, die auch der jüngeren Reimchronik cap. 172 ff. [6]) vorgelegen hat, geschöpft zu haben.

p. 702 f. [7]) vergl. Jer. III, 55.

---

[1]) considerans fratres Cruciferos — Pruthenus delevit.
[2]) Theodoricus — acceptata.
[3]) Ueber die h. Barbara s. SS. r. Pr. II, 397 ff.
[4]) Ueber das Unrichtige dieser Angabe s. SS. r. Pr. I, 71 Anm. 3.
[5]) Temerata concordia — victualibus implet.
[6]) in: Matthäi, Veteris aevi analecta.
[7]) Casimirus — fuga dilapsi sunt.

p. 705 erwähnt Dl. die Bannung Swantopolks von Pommern durch Wilhelm von Modena nach Jer. III, 33 [1]).

p. 706 f. [2]) vergl. Jer. III, 52. Die Namen und das geschenkte Gold dürfen wir wohl der Phantasie des Dl. zuschreiben.

p. 708 [3]) vergl. Jer. III, 57. 58 u. 61 ff. Die Schlacht bei Golub und die Stadt Swincin, in die sich Swantopolk zurückzog, sind Notizen aus einer unbekannten Quelle.

p. 714 [4]) vergl. Jer. III, 66.

p. 720 [5]) (die Ankunft der verschiedenen Fürsten) vergl. Jer. III, 67. Der letzte Satz ist ganz verwirrt. Richtig ist nur, dass Conrad dem Herrmann folgte, aber beide waren Hochmeister, und ersterer starb schon 1240 (Jer. IV, 33).

p. 739 f. In dem Berichte über den Kreuzzug Ottokars von Böhmen, der dem Pulkawa 224 f. entnommen ist, sind einige Begleiter nach Jer. III, 71 genannt; über die Erbauung von Wilow s. Jer. III, 73; über die Notiz von dem Ehrentisch s. unten.

p. 740 herrscht eine grossartige Verwirrung, wie an manchen anderen Stellen, wo von der Reihenfolge der Hoch- und Landmeister die Rede ist. Dl. deutet an, er habe mehrere Berichte vor sich gehabt: „secundum vero alios"; es ist aber nicht mehr zu erkennen, welcher es gewesen ist, der ihn zu dieser Confusion verführte. Der Landmeister Conrad von Tirberg starb viel später [6]). Das Todesdatum ist vielleicht mit dem des Hochmeisters Conrad verwechselt, der IX. Cal. Aug. starb (Dusburg, IV, 33 p. 198). Gerhard von Hirzberg folgte um 1257 auf Heinrich von Wida (Töppen a. a. O. 283 ff.), Poppo von Osterna dagegen auf Conrad von Thüringen als Hochmeister; vergl. den Canonicus Sam-

---

[1]) Vergl. SS. r. Pr. I, 68 Anm. 2.
[2]) Fame — contulit.
[3]) Secundo Magistro — diffugerent.
[4]) Adunato — multitudo.
[5]) In maxima — suffectus est.
[6]) Töppen, Historiographie 287.

biensis (SS. r. Pr. I.) p. 281, der dem Dl. vielleicht auch vorgelegen hat. S. auch die Ansicht Voigts über diese Stelle, Gesch. Preuss. II, Beil. III, p. 661 f.

p. 740 1) wird der Friede zwischen Swantopolk mit dem Orden nach Jer. III, 67 erzählt. Vergl. denselben Frieden p. 722, wo das Chron. Olivense, SS. rer. Pruss. I, 684 die Vorlage bildet.

p. 762 2) (Einfall der Preussen und Litthauer und die Schlacht von Durben) vergl. Jer. III, 83 f. Die Eroberung von Karsovin combinirt Dl. hinzu, die von Heilsberg steht Jer. III, 94 (wiederholt bei Dl. p. 764), die Zerstörung der Brücke III, 103, und der Abfall der Preussen III, 89.

p. 762 (im nächsten Absatz) finden wir in dem Bericht vom Kriegszuge Mendolphs, der nach B. 73 erzählt ist, eine Spur des Jeroschin, s. oben.

p. 763 3) vergl. Jer. III, 91.

p. 764 4) ist kurz zusammengedrängt, was Jer. III, 93 —97 enthalten ist.

p. 769 5) vergl. Jer. III, 117.

p. 772 6) hat Dl. einen Fehler des Epitomators aufgenommen. Jeroschin spricht III, 120 von einem bercvride, das nahm der Uebersetzer als Eigenname, und daher steht bei Dl. castrum Bergfrids. Für das Uebrige vergl. Jer. III, 123.

p. 780 7) vergl. Jer. III, 68.

p. 785 f. 8) vergl. Jer. III, 128. Die Ermahnung Swantopolks, auch mit den Polen Frieden zu halten, ist Zusatz des Dl. Ueber das Todesdatum s. Perlbach, die ältere Chronik von Oliva. Gött. 1871, p. 159.

---

1) Jacobus — servata.
2) Castri Karszowin — abutuntur.
3) Cecidit — crematus est.
4) Succursum — deserunt.
5) Eodem pene hujus — ommittunt.
6) Castrum Bergfridt — suffectus.
7) Fratres — occiditur.
8) quatuor filios — relicta.

p. 789 [1]) werden die Streitigkeiten zwischen Mestwin von Pommern und dem Orden nach Jer. III, 128 f. erzählt. Dl. verwandelt dabei die allgemeine Angabe der Zeit: im Herbst (Jer. do der herbist gelac) in das bestimmte Datum: in die S. Bartholomäi. Statt Nawenburc hat der Epitomator und Dl.: oppidum Nowe.

p. 790 [2]) wiederholt Dl., nachdem er den Amtsantritt des Landmeisters Dietrich nach Jer. III, 132 gemeldet, den auf der vorhergehenden Spalte erzählten Streit.

p. 798 [3]) vergl. Jer. III, 98.

p. 804 f. [4]) wiederholt Dl. zum Theile, was er schon p. 772 nach derselben Quelle, Jer. III, 123, erzählt. Das Uebrige ist Jer. III, 125 und 127 entlehnt.

p. 812 [5]) zieht Dl. die Berichte Jer. III, 132, 136 f., 143, 149 und 158 zusammen.

p. 816 [6]) vergl. Jer. III, 161, 162, 164. Kowalin ist der polnische Name für Schönsee.

p. 819 f. [7]) vergl. Jer. III, 170. 171.

p. 821 [8]) macht Dl. abermals eine grosse Verwirrung, die sich aus Jer. III, 201, 203, IV, 38, 47, 56 nur unvollkommen erklären lässt.

p. 825 [9]) vergl. Jer. III, 192.

p. 833 [10]) vergl. Jer. III, 213 und Chron. Oliv. 686.

p. 836 [11]) vergl. Jer. IV, 70 und III, 234.

---

[1]) Facile paternarum — custodita.
[2]) Obeunte — armis.
[3]) Duobus comitibus — victoria.
[4]) Culmensis terrae — apellavit.
[5]) Absumpto — remeant.
[6]) Filius ducis — bombardis expugnata conquirunt.
[7]) Glomerati — conquirit.
[8]) Decimus — erectum est.
[9]) Pruthenorum — trucidant.
[10]) Germanus — aedificabat.
[11]) Mortuo — substituitur.

p. 832 f. [1]) vergl. Jer. III, 228; der Name Albert von Meissen: Jer. III, 230.
p. 853 [2]) vergl. Jer. III, 237.
p. 861 [3]) vergl. Jer. III, 243 f.
p. 865 f. [4]) vergl. Jer. III, 249.
p. 869 [5]) vergl. Jer. III, 251.
p. 869 f. [6]) hat Dl. ausser Jer. III, 250 noch eine unbekannte Quelle benutzt. Das deutet er auch an: secundum alios. Die sich anschliessende Bemerkung, Kasimir habe keine Erben hinterlassen, stützt sich wohl auf Chron. princ. Pol. p. 154 f.
p. 872 ff. [7]) vergl. Jer. III, 255, 258, 259, 265.

Wigand von Marburg, der von demselben hessischen Geistlichen, der auch den Jeroschin übersetzte, für Dl. ins Lateinische übertragen wurde, hat letzterer nur an einer Stelle: p. 869 [8]) im VII. Buche benutzt; vergl. Wigand (SS. r. Pr. II.) cap. 2, p. 454.

III. *Pommern.*

Dl's Kenntniss von den pommerischen Ereignissen stammt hauptsächlich aus der Chronik von Oliva. Dieselbe ruht zum grössten Theile auf der Reimchronik des Jeroschin, nur ein kleiner Theil auf älteren Quellen; verfasst ist sie zwischen 1341 und 1350 [9]). Die in Betracht kommenden Stellen hat

---

1) Graviter — deducit.
2) Lithuanorum — intercepti.
3) Cruciferi — destiterunt.
4) Prussiae — invadi.
5) Conradus — occidit.
6) Non defuit — accipit.
7) In fine — infert sortem.
8) Quorum secutus est — evasit.
9) Perlbach, die ältere Chronik von Oliva p. 66 ff.

Perlbach [1]) genau verzeichnet; nur eine Stelle hat er übersehen, die mit dem Chron. Olivense eine entschiedene Beziehung hat. P. 833 f., wo Dl. nach Jer. III, 213 den Eintritt der Brüder Mestvins von Pommern in den Orden erzählt, ist der Name Ratibor aus dem Chron. Oliv. SS. r. Pr. I, 686 ergänzt. Auch die „15 Villen", von denen Dl. spricht, finden sich, wenn auch in anderem Zusammenhange im Chron. Oliv. ibid. in Verbindung mit Ohniew.

IV. Böhmen.

Unter den böhmischen Schriftstellern hat Dl. den sogenannten Pulkawa für seine Darstellung herangezogen. Ueber die Persönlichkeit dieses Chronisten ist nichts Genaueres bekannt, ob er selbst oder einer seiner Uebersetzer den Namen Pulkawa geführt hat [2]). Sein Werk ist uns in mehreren Recensionen erhalten. Bei Dobner (Mon. hist. Boemiae III, p. 63 ff.) haben wir eine gänzlich umgearbeitete Gestalt der ursprünglichen Chronik, und zwar ist diese Umarbeitung nicht dem Schulbedürfnisse irgend eines Klosters entsprungen, sondern auf Befehl Kaiser Karl IV. gemacht, wie ausdrücklich am Ende der Chronik p. 290 gesagt wird [3]). Der Dobner-

---

[1]) Perlbach, die ältere Chronik von Oliva p. 155 ff.

[2]) Palacky, Würdigung der älteren böhmischen Geschichtschreiber. Prag 1830 p. 173 f., wo auch über Pulkawas Quellen gehandelt wird.

[3]) Lorenz, Deutschl. Gesch.-Quellen p. 228 Anm. 1 behauptet, man dürfe von eigentlichen Recensionen nicht sprechen, die demselben Verfasser zu danken wären; die verschiedenen Gestalten der Chronik seien durch Abschreiber in verschiedenen Klöstern mit Rücksicht auf die Schulbedürfnisse entstanden. Letzteres gilt wenigstens von dem besprochenen Dobnerschen Text nicht. Wenn L. weiter den Text bei Ludewig, Reliquiae XI, 128 ff. und den bei Mencken, SS. III, 1117 ff. für durchaus verschieden hält, wird man zweifelhaft, ob er die beiden Ausgaben genau verglichen hat. Denn

schen Recension folgt Dl. im Allgemeinen, nur an zwei Stellen, die weiter unten besprochen sind, werden wir eine andere Gestalt des Textes annehmen müssen.

p. 690 [1]) hat Dl. in dem Bericht über den Einfall Friedrichs von Oestreich in Mähren seine Vorlage, Pulkawa p. 217, zu Ungunsten der Böhmen ganz entstellt. Pulk. erzählt allerdings zum J. 1242 von einem solchen Einfall, nach ihm wurde aber Friedrich von Wenzel vertrieben [2]); die Vertheilung der Beute geschah 1248 nach Pulk. 220 bei einer anderen Gelegenheit.

p. 705 [3]) hat Dl. vielleicht Pulk. 219 vor sich gehabt, doch fälschlich Miesko von Oppeln zum Bruder des Wladislaw, des Sohnes König Wenzels von Böhmen gemacht.

p. 711 [4]) stimmt mit Pulk. 220 f. überein, nur die Hinrichtung des Jaroslaw und der Zusatz über dessen Weisheit stammt aus anderen Quellen [5]). Ueber die Unrichtigkeit der Nachricht s. Palacky II, 136 Anm. 199.

p. 712 [6]) vergl. Pulk. 221.

p. 723 [7]) beruht auf Pulk. 221 f.; vergl. auch p. 251 [8]).

Bei der Bemerkung, dass die Herzöge von Oppeln [9]) ihr Ge-

„der ganze Unterschied beider Texte beschränkt sich auf einige Abweichungen in Capitelzahlen und Ueberschriften, so wie einzelnen Wortformen" (Palacky a. a. O. p. 180), so dass Palacky die Hdschr. beider Ausgaben für dieselbe halten konnte. Die Angabe bei Lorenz p. 226, Anm. 2, der Ludewigsche Text reiche nur bis 1300, ist nicht richtig, denn nur als Ueberschrift steht dort: Chron. Bohemiae ad annum 1300, während der Text ebenso weit wie bei Mencken geht.

1) Dux Austriae — adversitatem.
2) S. Palacky, Gesch. Böhmens II, 124 f.
3) (oben) In sortem autem Mieczslai — possidere coepit.
4) Venceslaus — principatum.
5) Vielleicht aus Dalimil. Alte deutsche Uebers. in: Stuttg. lit. Verein. B. 48, p. 191.
6) Nicolaus — observatum fuit.
7) Hungariae rex — suum ortum.
8) S. Röpell, 521 Anm. 76.
9) Bei Dl. fälschlich statt Troppau (Opavia).'

schlecht von dem Bastard Nicolaus ableiteten, hatte Dl. wohl die Urkunde von 1318 bei Pulk. 276 im Auge, wo dem Nicolaus, Sohn des vertriebenen gleichnamigen Vaters das Herzogthum Troppau übertragen wird.

p. 733 ¹) vergl. Pulk. 223.

p. 734 ²) lag Pulk. 223 f. vor. Dl. beschrieb die Procession nur genauer nach eigener Phantasie.

p. 739 ³) vergl. Pulk. 222 f. und Jer. III, 71. 73.

p. 751 ⁴) vergl. Pulk. 226.

p. 761 ⁵) vergl. Pulk. 227—232.

p. 765 ⁶), bei der Erzählung von der Verstossung der Margarethe durch ihren Gemahl Przemisl von Böhmen, finden wir die Spur einer anderen Recension des Pulkawa, als die Dobnersche. Dl. berichtet, Margarethe habe nach dem Tode ihres ersten Gemahles, König Heinrichs, das Gelübde abgelegt, ins Kloster zu gehen. Das findet sich nicht bei Dobner, wohl aber bei Mencken p. 1723; ebenso das Datum der Hochzeit. Für das Uebrige vergl. bei Dobner, 231 ff. und 235.

p. 769 ⁷) vergl. Pulk. 232.

p. 772 ⁸) vergl. Pulk. 232 f.

p. 794 ⁹) ist die Benutzung von Pulk. 234 f. nicht zu verkennen, doch deutet die Angabe der Namen Tirna und Nitra auf eine reichhaltigere Recension, als die Dobnersche, und auch als die Menckensche. S. Palacky II, 217.

p. 804 scheint das Datum des Concils von Lyon dem Pulk. 235 entlehnt zu sein.

---

¹) Bela — fulcirentur.
²) Decimo Cal. Oct. — vestivit.
³) Bohemiae — vocata est, erigunt.
⁴) Bohemiae — sancita est.
⁵) Treygis — diuturnior foret.
⁶) Quindecimo Cal. Nov. — manu.
⁷) multos tristes in nonnullis regionibus, in Bohemia — perierunt.
⁸) Pro firmiori — sortitus est.
⁹) Bela — lacessita est.

p. 808 [1]) vergl. Pulk. 236 f. Die beiden Namen Agnes und Gutha fügt Dl. nach p. 244 und 253 fälschlich hinzu. Vergl. Palacky II, 255.

p. 814 f. [2]) vergl. Pulk. 237 f., 240. 244.

p. 815 f. [3]) beruht auf Pulk. 240, 239 und p. 810 bei Dl.

p. 819 [4]) lag Dl. der Pulk. 241 f. vor; doch benennt er seiner Quelle entgegen den Sohn des Zawissius gleich dem Vater, statt Johannes. Der letzte Satz sollte sich auf den Vater, nicht auf den Sohn beziehen.

p. 824 f. [5]) vergl. Pulk. 241.

p. 828 [6]) vergl. Pulk. 242.

p. 833 [7]) vergl. Pulk. 242 f.

p. 841 [8]) sind die Angaben Pulk. 243 mit a. P. p. 650 vermischt.

p. 843 [9]) ist zusammengesetzt aus Pulk. 244. 250. 252.

p. 852 [10]) vergl. Pulk. 244 f.

p. 853 [11]) vergl. Pulk. 243.

p. 856 [12]) vergl. Pulk. 239. Das „solutione dotis habita" fügt Dl. aus eigener Erfindung hinzu.

p. 857 ff. [13]) hat ausser den a. P. 652 Pulk. 251 f. vorgelegen, s. die Bemerkung zu p. 857 ff. oben.

p. 859 [14]) vergl. Pulk. 252 und Ptolemäus von Lucca [15]) p. 1197 f.

---

[1]) Romanorum — repetiit.
[2]) Pactis — desponsanto.
[3]) Occisione — habebatur.
[4]) Kunegundis — cessit.
[5]) Majorem Pragensem — constrictis.
[6]) Saevior aliquanto fames — secuta cst.
[7]) Variis — pressa est.
[8]) Kunegundis — sepulta.
[9]) Tertio Non. Jul. — diremit.
[10]) Quam pluribus — professus.
[11]) Victricum — truncavit.
[12]) Methildis — sepelitur.
[13]) Funesto Marte — sepelitur.
[14]) Sedecima — pertraxerat.
[15]) Muratori, SS. rer. Ital. Tom. XI.

p. 862 f. ¹) vergl. Pulk. 252 und a. P. 652, vergl. oben p. 64.

p. 869 ²) vergl. Pulk. 253.

V. *Ungarn.*

Von ungarischen Aufzeichnungen hat Dl. das Chronicon Budense benutzt. Es ist im 14. Jahrh. verfasst und zeigt eine enge Verwandtschaft mit der Chronik des Thurocz. Das Verhältniss des Werkes zu seinen Quellen scheint noch nicht ganz klar zu sein ³). Dl. hat die Form des Werkes, wie es Podhraczky herausgegeben, vor sich gehabt, daher ich es nach dieser Ausgabe citiren will.

p. 790 ⁴) vergl. Chr. Bud. 202 u. 204. Die Verwandtschaft Belas mit der polnischen Herzogin ist ein Zusatz des Dl., den er mehreren seiner Quellen entnehmen konnte.

p. 797 ⁵) vergl. Chr. Bud. 204. 206. 213. Das „apud Albam regalem" fügt Dl. als gewöhnlichen Begräbnissort der ungarischen Könige eigenmächtig hinzu.

p. 823 ⁶) vergl. Chr. Bud. 208 f. Dass Wladislaw den päbstlichen Legaten gar nicht vorgelassen, ist eine Uebertreibung des Dl.

p. 828 ⁷) vergl. Chr. Bud. 207.

p. 840 f. ⁸) vergl. Chr. Bud. 208. 212. Das Datum des Tartaren-Einfalls hat Dl. aus einer unbekannten Quelle hinzugefügt. Die Wiener Annalen (Mon. G. h. SS. IX, p. 713),

---

1) Crebra — grassatus.
2) „... Venceslai Bohemiae ducis absentiam — Agnetham Ruperto filio regis jungebat.
3) Vergl. Lorenz a. a. O. 273 ff.
4) Quinto Non. Maii — successit.
5) In majori insula — fovebatur.
6) Hungarorum rex — in conspectum non admisit.
7) Oldamir — deletur.
8) Majori — vicem pecorum supplerent.

die Dl. nicht benutzt hat, haben das Datum: „post nativitatem domini", was mit „infra octavas epiphaniarum" bei Dl. ungefähr übereinstimmt.

p. 860 f. [1]) vergl. Chr. Bud. 210. 212. 214. 216 f. In Beziehung auf den Zusatz des Dl.: Andreae ducis germanus et occisor, wie er den Wladislaw von Ungarn nennt, s. bei Dl. p. 856. Die Namen der Gemahlin König Andreas II. und von deren Tochter stehen Chr. Bud. 191.

Für die ungarischen Dinge hat Dl. auch eine dalmatische Aufzeichnung benutzt: den Archidiakonus Thomas von Spalatro. Er schrieb eine Geschichte seiner Vaterstadt, besonders der Bischöfe und Erzbischöfe von sagenhafter Urzeit bis zum J. 1266. Da er im J. 1200 und im 31. Lebensjahre Archidiakonus wurde [2]), so stellt er sich für den letzten Theil seines Werkes als gleichzeitiger Zeuge dar. Er starb im J. 1268 [3]). Dl. benutzte ihn nur für die Schilderung der Tartarenkämpfe, wo er ihn Seiten lang auszieht, ohne grade die grösste Sorgfalt anzuwenden, aber auch ohne die Thatsachen gar zu sehr zu entstellen.

p. 673 f. [4]) vergl. Thom. Spal. p. 354 f.

p. 683—85 [5]) vergl. Thom. Spal. p. 350—356. Die Andeutung des Dl. über einen Brief des Pabstes Gregor an Friedrich II. scheint aus den ann. s. Crucis Pol. 680 zu stammen. Dl. fügt zu Collomann statt frater fälschlich nepos Belae hinzu.

p. 686 malt Dl., wie es scheint, den Bericht von der Hungersnoth bei Thom. Spal. 358 aus.

p. 691 f. [6]) vergl. Thom. Spal. 356—358.

---

[1]) Nona mensis Julii die — exclusus est.
[2]) cap. XXXII in der Ausgabe bei Lucius, De regno Dalmatiae.
[3]) S. die Grabinschrift bei Lucius a. a. O. p. 469.
[4]) A flumine autem Thartar — tenacissimi.
[5]) Audiens — Czuszma sepelitur.
[6]) Balthi — exercerent.

VI. Universalgeschichte.

Dl. hat sich in seiner Darstellung der polnischen Geschichte nicht damit begnügt, eine Uebersicht der Ereignisse in Polen und den angrenzenden Ländern zu geben; er hat auch die wichtigsten Begebenheiten der Weltgeschichte seinem Werke eingefügt. Und wie in dem XIII. Jahrh. noch immer der deutsche Kaiser und der römische Pabst die beiden Brennpunkte der europäischen Entwickelung bilden, so knüpft auch Dl. an die Geschichte dieser beiden seine universalhistorischen Nachrichten.

Freilich aber hat er auf diese Seite seiner Aufgabe das geringste Studium verwendet. Für das VII. Buch hat er mit wenigen Ausnahmen die bekannten Werke des Martinus Polonus und des Ptolemeus von Lucca ausgeschrieben, ohne diese Nachrichten mit irgend welchen anderen zu vergleichen; fast immer wörtlich nimmt er sie auf.

Die Weltgeschichte des Martin von Troppau ist bekanntlich eines der Werke im Mittelalter, die trotz ihrer mangelhaften Beschaffenheit die weiteste Verbreitung gefunden haben. In der ersten Anlage reichte das Werk nur bis zum J. 1268. Später setzte der Verfasser es bis 1277 fort und bereicherte dabei den Text auch des früheren Theils. In dieser späteren Gestalt lag es dem Dl. vor. Ich citire nach der Baseler Edition von 1559.

p. 713 [1]) vergl. Mart. Pol. p. 217. Woher Dl. die Art der Ketzer näher beschreibt, ist mir nicht gelungen ausfindig zu machen. Möglicher Weise hat er einen vollständigeren Text des Martin gehabt.

p. 713 [2]) vergl. Mart. Pol. 218 f. Dl. fügt den Namen „Aspe" zu Heinrich von Thüringen, und nennt denselben fälschlich einen Sohn der h. Elisabeth. Er war bekanntlich ihr Schwager.

---

[1]) Claruit — miraculis.
[2]) Henricus — eligunt.

p. 715 f. ¹) vergl. Mart. Pol. 216.
p. 722 ²) vergl. Mart. Pol. 217.
p. 773 ³) vergl. Mart. Pol. 218 und a. P. 636.
p. 795 stammt die Notiz über die Hinrichtung Conradins aus Mart. Pol. 221.

Im XIV. Jahrh. wurde das Werk Martins von Troppau von Ptolemeus von Lucca ⁴) fortgesetzt und zugleich um viele Nachrichten vermehrt. Keinen anderen Schriftsteller schreibt Dl. so wörtlich aus, wie den Ptolemeus in seiner Kirchengeschichte. Daher wird es nicht zu gewagt sein, dort, wo Dl. in einzelnen Punkten von ihm abzuweichen scheint, eine andere Handschrift anzunehmen, als die Mailänder, nach der Muratori mit Heranziehung des Paduanercodex seine Ausgabe veranstaltete.

p. 690 ⁵) erzählt Dl. die Wahl Innocens IV. nach Ptol. p. 1139—1141; nur ist dabei Sinibald (Innocens IV.) mit Gregor X., wie es scheint, verwechselt, vergl. Ptol. 1165.

p. 703 ⁶) stimmt wörtlich mit Ptol. 1142 überein. Man sieht deutlich, dass die Verschiedenheiten nur auf Lese- oder Schreibfehlern beruhen. Vergl.

Dl. p. 703	Ptol. 1142
Sicut apparet in Sexto. Extra. de sententia a re judi gran. Sacro praesente, et 1. ad Apostolicae etc.	Sicut apparet in VI. Extra de sententia, et re judic. cap. Sacrae praed., et infra. cap. Apostolicae etc.

und

Extra. de supplendo negligentia praelatorum.	Extra. de supp. negle. cap. grandi.

---

¹) Henricus — amisit.
²) Discedit etiam Innocentius papa — comparabat.
³) Primoque ortus sui die Urbanus — remanserat.
⁴) ed. Muratori, SS. rer. Ital. XI, 741 ss. Vergl. über das Verhältniss zu Heinrich von Dissenhofen Lorenz, Deutschl. Gesch.-Quellen p. 56 ff.
⁵) Cum integro — celebravit.
⁶) Innocentius — Praelatorum.

p. 717 1) vergl. Ptol. 1145 f.

p. 737 f. 2) vergl Ptol. 1147 und vita Stanislai 369.

p. 745 3) vergl. Ptol. 1147.

p. 765 f. 4) vergl. Ptol. 1147. 1149. 1154.

p. 773 5) Ptol. 1153 ff. und a. P. 636.

p. 775 6) vergl. Ptol. 1156 f.

p. 784 7) vergl. Ptol. 1158.

p. 785 8) vergl. Ptol. 1161 f. Der Tag des h. Andreas ist der 30. Dec., nicht wie Dl. berechnet, der 30. Nov.

p. 794 9) vergl. Ptol. 1164—1166. Die Vertreibung des Sinibald scheint ein Zusatz des Dl. zu sein.

p. 804 10) vergl. Ptol. 1166 f. Das Datum stammt aus Pulk. 235. Die Angabe des Dl. in Betreff des Jubileums passt erst zum Jahr 1300.

p. 805 11) vergl. Ptol. 1168 f.

p. 806 12) vergl. Ptol. 1167. 1166. Dass Gregor X. in Aretium begraben worden sei, fügt Dl. fälschlich hinzu.

p. 808 f. 13) vergl. p. 1173—76 bei Ptol.

p. 811 f. 14), wo Gregor IX. mit Gregor X. verwechselt wird, hat Dl. den Bericht des Ptol. 1178 f. (vergl. auch p. 1184) etwas verwirrt wiedergegeben.

p. 821 15) vergl. Ptol. 1179. 1182. 1184 f.

---

1) Fridericus — prosequebantur favore, dejecit.
2) Innocentius — nominatur.
3) Romanorum rex — benedictione.
4) Octavo Cal. Jun. — confert.
5) Cometes — remanserat.
6) Romana ecclesia — exstinxisse.
7) Antiochia — omisso.
8) Ultima Dec. die — viduata.
9) Prima Sept. die — nominatur.
10) Gregorius — instituti.
11) Clarissimus — splendoribus.
12) Lugdunensis — effluxerant.
13) Ad sedem — antecellens.
14) Johannes papa — Cardinalem.
15) Nicolaus — coeptae sunt.

p. 823 [1]) vergl. Ptol. 1185—1190.
p. 841 [2]) vergl. Ptol. 1193. 1190 f. Die Consekration Honorius' IV. setzt Dl. wohl nach einer vollständigeren Handschrift hinzu.
p. 848 [3]) vergl. Ptol. 1194.
p. 859 f. [4]) vergl. Ptol. 1197 f. und Pulk. 252.
p. 861 [5]) vergl. Ptol. 1196.
p. 865 [6]) vergl. Ptol. 1194—98.
p. 870 f. [7]) vergl. die Berichte bei Ptol. 1198—1203. 1240. 1220. Die unbedeutenden Abweichungen bei Dl. werden wir wohl auf eine andere Handschrift zurückführen müssen.

Nachdem wir alle bekannten historiographischen Aufzeichnungen, die Dl. für das VII. Buch seiner polnischen Geschichte benutzte, besprochen haben, gehen wir zur Betrachtung seiner übrigen Quellen über, die uns noch erhalten sind:

Inschriften, Briefe und Urkunden.

Es ist bekannt, wie Dl. nach einer späteren falschen Inschrift den Tod Poppos von Osterna in der Mongolenschlacht bei Liegnitz für seine Schilderung verwerthet [8]). Es war also auch in diesem Punkte Dlugoschs Behandlung der Quellen eine durchaus unkritische. Es sind uns von derartigen Denkmälern nur die epitaphia ducum Silesiae erhalten, und zwar in einer Handschrift des 15. Jahrhunderts. Dass sie trotzdem wirklich auf alter Ueberlieferung beruhen, zeigt ihre Benutzung in der Chronica principum Polon. [9]).

---

[1]) Semestri — transiit.
[2]) Invaserunt eo anno Tartari — consecratus est.
[3]) Idibus Aprilis — intermissa.
[4]) Sedecima — pertraxerat.
[5]) Sub hoc tempore — occupatum.
[6]) In Parascere die — perierunt.
[7]) Biennio — tyrannos.
[8]) S. Grünhagen in cod. dipl. Sil. Bd. VII, 215.
[9]) S. Mon. G. h. XIX, 550 in der Vorrede zur Ausgabe von Arndt.

p. 676 ff. erzählt Dl. die Betheiligung und den Tod des Boleslaw, des Sohnes des Markgrafen von Mähren, in der Mongolenschlacht auf Grund der epitaphia 550. p. 681 ist der Begräbnissort Heinrichs II. von Schlesien den epit. 551 entnommen.
p. 756 1) vergl. epit. 551.

Viel wichtiger, als die Epitaphien, sind die Briefe, die Dl., zum Theil vollständig, aufgenommen hat. Einzelne davon sind nur hier erhalten, fast das einzige bleibende Verdienst unseres Dl. Aber auch hier fehlt es an Kritik. Die richtige chronologische Einreihung z. B. der päbstlichen Bullen, auch der datirten, scheint dem Dl. von untergeordneter Bedeutung zu sein. So bringt er zum Jahre 1259 einen Auszug aus einer Bulle Bonifac. VIII.; bemerkt den Anachronismus recht gut — und verwandelt einfach den Namen in Alexander IV. P. 789 setzt Dl. eine Bulle Alexanders IV. in das Jahr 1266, also nach dessen Tode.

Sehr reichlich hat Dl. für seine Historia Poloniae Urkunden benutzt, deren sich ein Theil noch in guter Ueberlieferung erhalten hat. Nur dieser wird hier aufgeführt werden, im folgenden Capitel besprechen wir die Stellen, an denen wir mit mehr oder weniger Sicherheit auf verlorene Urkunden schliessen dürfen. Dieses urkundliche Material habe ich nicht, wie die historiographischen Aufzeichnungen nach verschiedenen Ländern, sondern weil es mir übersichtlicher schien, chronologisch geordnet.

p. 682 wird uns ein Stück einer sonst unbekannten Bulle mitgetheilt.

p. 714 f. 2) hat Dl. die Nachrichten aus den a. c. Cr. 599, 603, 600, aus der v. Stanislai, 369 und der mitgetheil-

---

1) Hedvigis — obiit.
2) Crescentibus — anno IX.

ten Bulle ¹) zusammengesetzt. Den Prediger-Mönch Boguslaus fügt Dl. hinzu.

p. 729 f. nimmt Dl. die Canonisationsbulle des h. Stanislaus vollständig auf. Vergl. den Abdruck bei Theiner, Mon. Pol. I, 53, wo derselbe ein Mal mater statt martyr liest.

p. 744 ²) vergl. die Bulle bei Theiner I, 63.

p. 748 f. theilt Dl. eine Bulle Alexanders IV. vollständig mit, die sich sonst nicht findet.

p. 759 ³) vergl. die Bulle Bonifac. VIII. in den a. S. Crucis Pol. z. J. 1260. Ueber die chronologische Verwirrung s. oben p. .

p. 771 führt Dl. eine Bulle Alexanders IV. zum Jahre 1264 an, wo dieser Pabst schon todt war, ganz ähnlich, wie p. 779 zum J. 1266.

1243
(1242) p. 696. Przemisl von Grosspolen überträgt das Sankt-Johannes-Hospital in Gnesen dem Kloster Miechow.

S. die Urk. bei Damalewicz, Series archiepiscoporum Gnesn. p. 142 f. zum Jahre 1242.

1245
(1246) p. 703. Innocens IV. setzt Heinrich, Bischof von Armagh, zum Bischof von Culm ein.

S. die Urk. bei Bunge, Livländ. Urk.-Buch I. n. 188. Dass das auf die Bitte Conrads von Masovien geschehen sein soll, setzt Dl. tendenziös hinzu, als ob Culm nicht an den Orden abgetreten wäre. Dass Dl. weiter den Albert einen Prediger-Mönch nennt, geht aus einer Verwechslung mit seinem Nachfolger Heinrich hervor. S. Dl. p. 720.

1249 p. 713. Innocens IV. sendet Bischof Albert von Culm an Daniel von Russland.

S. die Urk. bei Bunge, L. U. n. 195. Dass Daniel den Gesandten „sine honore" zurückgeschickt haben soll, setzt Dl. willkürlich hinzu.

---

¹) Auch M. G. h. XIX, 599 n. 89 abgedruckt aus dem Cracauer Original.
²) Sed et papa Alexander — exequuti sunt.
³) Corpora eorum, qui — accurat.

p. 720. Heinrich von Culm übergiebt die Culmer Kirche regulirten Domherrn. 1251
S. die Urk. in: Acta Boruss. II, 721. Heinrich hält Dl. für dieselbe Person, wie Albert, vergl. oben p. 109. Die Bestimmung über die gemeinsame Wohnung und den gemeinsamen Tisch ist ein Zusatz des Dl.

p. 737. Boleslaw von Cracau gr. ein Prämonstratenser Nonnenkloster in Krzyzanowien. 1254
- S. die Urk. in R. et M. cod. dipl. Pol. I, 73.

p. 753 f. Boleslaw von Cracau stiftet ein Clarissen-Kloster in Zawikost. 1258
S. die Urk. in R. et M. cod. d. Pol. I, 77. Vergl. auch die Bulle Alexanders IV. bei Theiner, Mon. Pol. I, 62.

p. 768. Der Abt von S. Marien in Breslau söhnt im Auftrage des Legaten Guido den Bischof Volomir von Leslau mit Herzog Casimir von Cujavien aus. Die Urk. ist uns in einer Confirmation des Legaten Philipp v. 1281 erhalten in: R. et M. II, 1, 72. In dieser Form hat sie auch Dl. vorgelegen, der sich dadurch in der Datirung hat datiren lassen. Die Abtretung der Festung Raciacz von Seiten Kasimirs an den Bischof fügt Dl. willkürlich hinzu. (1266) 1262

p. 781 f. Vergl. zur Synode von Breslau Montbach, Statuta synodalia etc. p. 324. M. G. h. 603 Anm. 28. 1267

p. 786 f. Der lange Streit zwischen den Bischöfen von Ploczk und Culm wird durch Vermittlung des Bischofs von Leslau und des Landmeisters Menko von Querfurt geschlichtet. 1269
S. die Urk. Acta Boruss. III, 268. Die Urkunde nennt den Bischof von Leslau Wislaus, nicht Volomir.

p. 797. Mestwin von Pommern tritt zwei Landgüter, Okorbotow und Vithomin an Bischof Albert von Leslau ab. 1272
S. die Urk. R. et M. II, 2 p. 626 f. Die Confiskation der beiden Güter ist nicht nur „anscheinend", wie Hirsch SS. r. Pr. I, 689, Anm. 43 sagt, sondern ganz gewiss früher erfolgt, als 1283; s. die Urkk. Mestwins bei R. et M. II, 1, 93 und 104. Erstere scheint Dl. auch hier benutzt zu haben.

1247	p. 803. Mestwin von Pommern überträgt ein von seinem Oheim gestiftetes Kloster nach Pelplin. S. die Urkk. SS. r. Pruss. I, 813 und 812.
1284	p. 835 f. In dem Bericht über den Streit zwischen Herzog und Bischof von Breslau hat Dl. wenigstens einige der Aktenstücke, die bei Stenzel, Urkk. z. Gesch. des Bisth. Breslau abgedruckt sind, benutzt, so z. B. Nr. CX und CXXIX. Vergl. auch M. G. h. XIX, 648 n. 55. Es ist nicht richtig, wenn Dl. erzählt, Thomas habe sich selbst zu Herzog Heinrich begeben. Der Bischof sagt selbst (Stenzel a. a. O. p. 123 f.), er habe den Herzog, nachdem er ihn „durch Gesandte" gemahnt, excommunicirt. p. 836 f. giebt Dl. eine Fortsetzung des Streites zwischen dem Bischof Thomas und Herzog Heinrich von Breslau. Die Urkunden bei Stenzel a. a. O. Nr. CXXX und XCV scheinen benutzt zu sein. Die Darstellung ist aber in hohem Grade verwirrt. Die Anwesenheit des Bischofs Thomas auf dem Concil von Lyon ist zwar richtig (s. Stenzel p. 64, 112); das Concil war aber bekanntlich schon zehn Jahre früher.
1288	p. 850. Bischof Wislaus von Leslau überträgt das Kloster Bissow nach dem Orte Smeisse. S. die Urk. R. et M. II, 2, 627. Vergl. auch R. et M. I, 60 Anm. 1. p. 850. Heinrich IV. von Breslau gründet die Kirche zum h. Kreuze in Breslau. Vergl. Chr. princ. Pol. 114 und die Urk. bei Sommersberg, SS. rer. Sil. 1, 801.
1290	p. 855. Heinrichs IV. von Breslau Testament. S. die Urk. bei Stenzel a. a. O. 252 ff. und für den Namen Mechthild v. Hedvigis 112.
1294	p. 870. Conrad von Masovien erbaut ein Kloster in Blonin. S. die Urk. R. et M. 1, 127.

Kapitel II.
Nachrichten, die auf nicht mehr erhaltenen Quellen beruhen.

Den grösseren Theil des VII. Buches des Dl. haben wir auf bekannte Quellen zurückführen können. In diesem Capitel soll versucht werden, auch diejenigen Nachrichten ihrem historischen Werthe nach zu prüfen, zu deren Controlirung wir auf direktem Wege, d. h. durch Vergleichung mit den von Dl. benutzten Berichten, nicht gelangen können. Wir werden, so weit es möglich ist, festzustellen haben, wo Dl. aus Urkunden, aus anderen schriftlichen Aufzeichnungen, aus der Tradition, oder wo er aus seiner eigenen Phantasie schöpfte. Am Ehesten werden wir dort zu einigermassen sicheren Resultaten gelangen, wo Dl. nicht mehr erhaltene Urkunden für seine Darstellung verwerthete.

Aus dem oben über den Gebrauch von Urkunden Gesagten und Angeführten ging hervor, wie wenig sorgfältig unser Compilator auch mit diesem Material umging, wie gröblich er oft, besonders gegen die Chronologie fehlte, und wie willkürlich er Dinge in seine Urkunden-Auszüge hineinbrachte, die gar nicht hingehörten. Nur noch weiter dürfen wir, in den meisten Fällen wenigstens, nicht gehen. Ganz aus der Luft gegriffen sind z. B. seine Berichte über Stiftungen von Klöstern, wo das Datum und die Zeugen angeführt werden, schwerlich. Ueberhaupt werden wir dem Dl. nur dann Erfindungen zuschreiben dürfen, wenn wir deutlich seine Absicht dabei erkennen können.

Urkunden scheinen benutzt zu sein:

p. 674 f. wird die Verwüstung des Klosters Vithow berichtet, die Nonnen seien deshalb nach Busk übergeführt worden, wie es scheint auf Grund einer Translationsurkunde.

p. 685. Die Nachricht von dem Bündnisse Conrads von Masovien mit Swantopolk von Pommern ist sonst ganz unbekannt. Eine Urkunde scheint allerdings zu Grunde zu liegen, was durch die Anführung der drei Söhne Conrads und des Andreas, Bischof von Ploczk, wahrscheinlich wird. Auf irgend eine Verbindung beider genannten Fürsten weist auch die Urk. vom 1. Oct. 1242 (R. et M. cod. d. Pol. II, 2, 594) hin, wo Herzog Conrad dem Landmeister von Preussen verspricht, sich nicht mit Swantopolk gegen den Orden zu verbinden.

p. 686 f. mag für den Kampf zwischen Conrad v. Masovien und Boleslaw dem Kahlen eine Urk. benutzt sein. Vergl. die von Röpell, Gesch. Polens p. 489 A. 2 citirte Urk. bei Nakielski, Miechovia, p. 33.

p. 688 nennt Dl. uns mehrere Vornehme Grosspolens, die von Boleslaw von Schlesien abfielen. Es ist möglich, dass er alle Namen in einer Urkunde, und zwar in einer Art Recess des sonst unbekannten Conventes von Posen fand. Die Mehrzahl der Namen lässt sich aus ungefähr gleichzeitigen Urkunden nachweisen. S. Raczynski, cod. dipl. maj. Pol. p. 24. 26. 28.

p. 691 [1]) scheinen mehrere Urkk. benutzt zu sein. Vergl. auch das Cracauer Calendar [2]), das mir nicht zur Hand ist.

p. 692. Przemisl von Grosspolen gründet das Kloster Owinsk. Gewiss ist eine Urkunde benutzt, nur scheint sie nicht in dieses Jahr zu gehören. Eine alte Inschrift im Kloster giebt die Gründung zum J. 1250 an. S. Bach, Gesch. von Trebnitz in: Archiv für die Gesch. des Bisth. Breslau. Bd. 2. p. 117 [3]).

---

[1]) Praefatus — disterminatione.
[2]) in: Bielowski, Katalog Bisk. Crac. Tom. IV.
[3]) Vergl. v. Dittersdorf's Ztschr. von der katholischen Kirche. Breslau 1880. 8. Bd. II, Heft 4, p. 4, was mir nicht zur Hand.

p. 693. Das Datum der Versammlung in Skarbumir stammt wohl aus einer verlorenen Urkunde.

p. 698, wo die Einführung von Predigermönchen in Ploczk erwähnt wird, scheint eine Urkunde benutzt zu sein.

p. 698 (weiter unten: die Uebertragung eines Predigermönchs-Klosters in die Stadt Posen) gleichfalls, ebenso.

p. 705, bei der Erzählung von dem Frieden zwischen Swantopolk einerseits und dem Orden und Kasimir von Cujavien andrerseits; vergl. SS. rer. Pruss. I, 68, Anm. 2 und 82, Anm. 2.

p. 756. Die Gründung eines Clarissenklosters in Gnesen, mag nach einer Urk. angeführt sein, kann aber auch aus B. a. 1258 erklärt werden.

p. 756 f. hat Dl. für den Streit zwischen Casimir und dem B. Volmir vielleicht eine Urk. zur Vorlage gehabt.

p. 768. Die Uebertragung des Clarissenklosters von Zawikost nach Skala wird B. 77 bestätigt; aber eine Urkunde lag Dl. gewiss auch vor.

p. 769 haben wir einen Auszug der Gründungsurkunde von einem Kloster in Thorn.

p. 771. Die Einführung der Predigermönche in Cujavien etc. beruht auf einer verlorenen Urk.

p. 771 f. Bischof Heinrich von Culm übergiebt die Culmer Kirche dem Orden, nach einer verlorenen Urk. v. 30. Januar [1]) berichtet.

p. 774 citirt Dl. eine Urkunde, nach der Boleslaw von Cracau den Lessko adoptirt haben soll. Sie scheint eine spätere Fälschung gewesen zu sein; in den älteren Quellen wird uns Nichts davon berichtet; im Gegentheil hervorgehoben, dass Lessko dem Boleslaw in der Herrschaft von Cracau nicht als Sohn, sondern durch Wahl der Grossen nachfolgte. a. P. I, 644: „Cui successit per electionem Lestko" und 1280: „primo anno electionis."

p. 781 wird für die Gründung der Hedwigskapelle ein urkundliches Zeugniss benutzt sein. Vergl. Heyne I, p. 226 u. 929.

---

[1]) Statt in Calend. Febr. wird III Cal. Febr. zu lesen sein.

p. 796 mag bei der Erwähnung des Vergleichs zwischen Bischof Paul und Herzog Boleslaw von Cracau ausser den a. S. Crucis Pol. eine Urkunde zu Grunde gelegen haben.

p. 799. Der Friede zwischen Przemisl von Böhmen und Boleslaw von Cracau wegen Troppau, scheint nach einer Urkunde erzählt.

p. 814 wird offenbar nach einer Urkunde die Schenkung von Freiheiten an das Kloster Leubus von Seiten Boleslaws von Masovien erwähnt.

p. 827 weist die Erwähnung der Gründung der Michaelskirche in Lublin auf eine verlorene Urk., möglicherweise aber auch nur auf die Tradition.

p. 831 giebt Dl. einen Auszug aus der Gründungsurkunde von Opathowicz [1]).

p. 831. Przemisl von Grosspolen gründet ein Johanniter-Hospital bei Calisch, offenbar nach einer Urkunde berichtet.

p. 832 ist deutlich die Urkunde Przemisls II. von Grosspolen zu erkennen.

p. 843 f. hat eine Urkunde, in der Przemisl II. von Grosspolen den Bischof von Lebus einige Freiheiten ertheilt, vorgelegen.

p. 846 deutet die Stiftung einer Collegiat-Kirche in Ratibor auf eine verlorene Urk. Vergl. Heyne I, 566.

p. 852 erhält uns Dl. die Gründungsurkunde des Marienklosters in Dirschau im Excerpt. S. auch SS. r. Pr. I, 804.

Die übrigen hier zu besprechenden Stellen ordne ich nach den verschiedenen Ländern:

I. *Polen und Schlesien.*

Das ganze Jahr 1241, wo der bekannte Tartareneinfall geschildert wird, verdient eine besondere Besprechung. Denn hier tritt uns die Art und Weise, wie Dl. seine Quellen be-

---

[1]) Vielleicht ist sie gedruckt in: Szezygielski, Tynecia. Crac. 1668, was mir nicht zur Hand.

handelte, ganz besonders charakteristisch entgegen. Historiographische und urkundliche Aufzeichnungen, Inschriften, mündliche Ueberlieferung, in reichem Maasse auch die eigene Phantasie verwebt er zu einem grossen Kriegsgemälde, das trotz der aufgewandten Mühe keineswegs Anspruch auf Schönheit, noch viel weniger aber auf Richtigkeit machen kann. Leider sind uns für diesen Bericht besonders wenige der Quellen des Dl. erhalten. Daher wird man in den meisten Fällen bei der Kritik über Vermuthungen nicht hinauskommen können.

Dl. leitet den Bericht mit einigen allgemeinen Phrasen ein. Dann nennt er uns den Anführer der Tartaren, Bathi, als dritten König derselben, was sich nicht mehr nachweisen lässt. Als Veranlassung zu dem Einfall dieser furchtbaren Feinde in Polen giebt Dl. den Mangel an Raum in ihren früheren Wohnsitzen an; sie hofften „wegen ihrer Masse und wegen des Streites zwischen Kaiser und Pabst" in Europa neue Eroberungen machen zu können. Von letzterem Conflikte sollen sie durch Kundschafter Nachricht erhalten haben, die überhaupt in den von Dl. dargestellten Kriegen eine häufige Anwendung finden, vergl. p. 683, 684 u. a.

Der Zug durch Russland wird eine Ausschmückung des „per Russiam" bei Bog. p. 60 sein. Die Flüsse sind nach der mangelhaften geographischen Kenntniss unseres Autors in falscher Reihenfolge aufgeführt. Es folgt die Verwüstung von Lublin und Zewikost, von der sich in den bekannten Berichten nichts findet. Der Rückzug Bethis nach Russland zur sicheren Unterbringung der Gefangenen ist ein Zusatz des Dl., der wahrscheinlich durch die Bemühung entstand, verschiedene Angaben mit einander zu vereinigen. Die Belagerung von Zewikost und die Plünderung des Klosters Koprziwaiłe (bei Cracau) sind vielleicht nach einer Urkunde erzählt [1]). Dann folgt der Zug der Tartaren nach Cracau und wieder zurück nach Sandomir, wovon nur das Datum der

---

[1]) In den neuerdings von Zeissberg in: Zeitschr. für Gesch. u. Alterth. Schlesiens Bd. X, 399 ff. herausgegebenen Annalen dieses Klosters steht Nichts von diesem Ereignisse.

zweiten Ankunft in Sandomir, Aschermittwoch (13. Febr.), durch Bog. 60 bestätigt wird. Die Schlacht bei major Tursco mag aus einer verlorenen Quelle herzuleiten sein, wie das Folgende von den Hin- und Herzügen der Tartaren. Die Nachricht von dem Tode eines vornehmen Jünglings in diesen Kämpfen wird sich wohl auf Boleslaw von Mähren beziehen, der in der Schlacht bei Liegnitz fiel. Die Schilderung der „vita Bathi" stammt mit grosser Wahrscheinlichkeit aus mündlicher Ueberlieferung und eigener Ortskenntniss: es seien noch „heute" Spuren dieses Kriegszuges zu entdecken; bis „heute" werde die Gegend Strasse des Bethi genannt. Die Schlacht bei Chmielk mit dem genauen Datum: feria secunda in crastino dominicae Judica, alias XV. Cal. Aprilis in solis ortu weist auf eine Verwandtschaft mit den ann. Siles. compilati hin [1]). Die Personen, die uns als Theilnehmer der Schlacht genannt werden, sind entweder nach freier Erfindung oder nach irgend welchen Grabschriften aufgeführt. Die Cracauer und Sandomirer Beamten lassen sich für dieses Jahr nicht mehr controliren [2]). Die Erzählung wird dann durch die Schilderung des Tartarenvolkes unterbrochen, die dem Thomas Spalatinus p. 354 f. entnommen ist. Nur hat Dl. die ungünstigen Charaktereigenschaften dieses Volks noch etwas weiter ausgemalt. Dann fährt Dl. in der Erzählung fort. Boleslaw von Cracau flüchtet mit seiner Mutter und seiner Gemahlin nach Ungarn, was zum Theile mit den ann. Sil. comp. 540 übereinstimmt. Der Aufenthalt Boleslaws in Sandetz erklärt sich vielleicht daraus, dass seine Gemahlin Cunigunde hier ihren Lieblingssitz hatte, wie aus ihrer vita hervorgeht [3]).

---

[1]) S. oben p. 80 f. Die Annalen haben freilich das Datum: feria 2. post dominicam Judica in quadragesima.

[2]) Pecoslaus und ein Jacobus kommen als Palatin und Castellan von Sandomir 1239 zuletzt urkundlich vor.

[3]) Freilich ist die einzige uns erhaltene vita Cingae von Dl. selbst verfasst, aber doch wohl gewiss mit Benutzung einer älteren

Nachdem dies Alles geschehen, die Schlacht bei Chmielk am 18. März stattgefunden hat, erscheint nach Dl. am 13. Febr. eine Abtheilung Tartaren vor Cracau. Es sind hier wiederum offenbar verschiedene Berichte mit dem grössten Ungeschick confundirt worden. Die Verwüstung des Klosters Vithow scheint nach einer verlorenen Urkunde berichtet. Im letzten Satz desselben Abschnittes wird dann die Flucht Boleslaws von Cracau wiederholt, dies Mal fast in wörtlicher Uebereinstimmung mit den ann. Sil. comp. 540. Der Kampf Meskos von Oppeln wird durch Bog. 60 insoweit bestätigt, als dieser den Herzog Boleslaws von Oppeln zusammen mit Herzog Wladislaw von Sandomir von den Tartaren geschlagen werden lässt [1]. Die Verbrennung der Stadt Breslau wird ganz ähnlich auch ann. Sil. comp. 540 erzählt. Die Belagerung der Festung ist möglicher Weise einer älteren vita des h. Czeslaus entnommen [2]. Die Wiedervereinigung der beiden Tartarenhaufen ist eine Wiederholung von p. 674. Bei Annäherung der Tartaren flieht die Herzogin Hedwig von Trebnitz nach Crossen (vergl. vita Hedv. 44). Nun folgt eine Schilderung der berühmten Schlacht von Liegnitz. Die meisten Namen, die uns da von Mitkämpfern genannt werden, stammen, wie Dl. selbst p. 681 f. sagt, aus Inschriften auf Gräbern der Jacobikirche in Breslau und des Klosters Leubus. Wie unsicher aber auch diese Quelle ist, zeigt u. A. Schirrmacher, Kaiser Friedrich II. p. 361 f. an dem Beispiel

---

[1] Röpell, Gesch. Polens p. 468 bemerkt den Fehler in den Namen bei Bog. und schreibt Boleslaw von Sandomir und Wladislaw von Oppeln. Grünhagen cod. dipl. Sil. VII, 213 behält den Text des Bog. bei. Richtig ist: Boleslaw von Sandomir (Urkk. von 1230 und 1242 cod. dipl. Pol. II, 1, 9 und 30) und, wie Dl. hat, Mesco von Oppeln (Stenzel, Urkk. des Bisth. Breslau. Urk. Meskos v. 1241 p. 5).

[2] So vermuthet schon Röpell a. a. O. p. 469 Anm. 14. Vergl. auch Grünhagen a. a. O. p. 218.

von Landmeister Poppo von Osterna [1]). Dass der Pabst schon in diesem Jahre das Kreuz gegen die Tartaren gepredigt habe, ist sonst nicht bezeugt [2]); erst später finden sich Bullen, die zur Vertilgung dieser „Plage der Christenheit" auffordern [3]). Die Prophezeihung der h. Hedwig über ihres Sohnes Heinrich Tod beruht auf vita Hedv. 44. Das unglückliche Vorzeichen, das den Herzog Heinrich beim Ausritt aus der Stadt Liegnitz betrifft (ein von der Marienkirche herabfallender Stein hätte ihn beinahe tödtlich verletzt) ist wohl mündlicher Ueberlieferung zuzuschreiben, wie auch die Theilnahme der Bergleute von Gollperk [4]). Die Anordnung der Schlachtreihen etc. ist völlig freie Phantasie des Autors. Das Datum der Schlacht ist vielfach überliefert [5]). Die Kriegslist der Tartaren, mitten im Kampf auf polnisch den Ruf: „Flieht, flieht" erschallen zu lassen, findet eine Analogie bei Jeroschin III, 167, wo sich die Preussen der deutschen Sprache zu einem ähnlichen Betruge bedienen. Die Flucht Meskos von Oppeln findet ihren einzigen Anhaltspunkt daran, dass er noch nach der Schlacht am 8. Mai eine Urkunde ausstellt [6]); der Feuer und Rauch speiende bärtige Kopf auf der Fahne der Tartaren, der die Reihen der Feinde in Verwirrung bringt, erinnert an die Bilder der Hedwigslegende [7]), wo eine Tartarenfahne mit einem schrecklichen, bärtigen

---

[1]) Einige dieser Grabschriften sind indessen zuverlässiger, so die Mon. G. h. XIX, 550 f. abgedruckten. Vergl. auch Grünhagen a. a. O. 215.
[2]) König Konrad IV. fordert in diesem Jahr von sich aus zu einem Kreuzzuge gegen die „canes Tartareos" auf. Palacky, Mongoleneinfall in: Abh. der böhm. Gesellsch. V, 2, 375 n. 4.
[3]) So Theiner, Mon. Pol. I, 51 z. J. 1251.
[4]) Vielleicht ist diese Sage durch den historisch feststehenden Kampf der Bergleute von Rodka in Siebenbürgen entstanden (Roger, carmen miserabile bei Schwandtner SS. rer. Hung. I, 302).
[5]) So in der Grabschrift Heinrichs II. Mon. XIX, 551, Ann. Labenses ibid. 599 a. Sil. c. 540 u. a.
[6]) Grünhagen a. a. O. 221.
[7]) ed. Wolfscron nach einer Hdschr. v. J. 1353. Wien 1846.

Haupte in weissem Felde abgebildet ist. Das Feuer und der die Feinde blendende Rauch gehören entweder der Ueberlieferung oder der Phantasie des Dl. an. In der Schilderung der Heldenthaten des Joann Iwanowitsch darf man vielleicht die Spuren eines volksthümlichen Heldengedichtes, das noch zu Dl.s Zeiten gesungen wurde, suchen. Die Genauigkeit der Schilderung deutet auf irgend eine fixe Vorlage hin: 9 Tartaren verfolgen den Helden und seine 2 Begleiter, 8 davon werden erschlagen, der 9te gefangen genommen, die Anzahl der Wunden Joannes ist 12. Die Flucht Meskos von Oppeln wird wiederholt, vergl. p. 679. Die 9 Säcke abgeschnittener Christenohren und die Auffindung der Leiche Heinrichs ist natürlich sagenhaft [1]). Der Aufenthalt der Tartaren in Ottmachau wird auch durch die ann. Sil. comp. 540 bezeugt [2]); doch ist der Aufenthalt in Ratibor nicht mehr zu controliren. Die fromme Fassung, die die h. Hedwig bei dem Tode ihres Sohnes bezeigt, wird nach der vita Hedv. 13 f. geschildert. Das hier eingefügte Stück einer Kreuzbulle gegen die Tartaren habe ich sonst nicht finden können [3]). Die Belagerung von Olmütz wird Dl. aus mündlicher Ueberlieferung geschöpft haben, wie auch Palacky a. a. O. p. 393 vermuthet; denn wenn sein Bericht auch denen des Dalimil [4]) und des Pulkawa in der Recension bei Mencken, SS. rer. Germ. III, p. 1717, sehr ähnlich ist, so darf man doch eine Benutzung der letzteren an dieser Stelle schwerlich annehmen, da eine solche sich an anderen Stellen nicht nachweisen lässt. Der Zug der Tartaren nach Ungarn und die Kämpfe daselbst schildert Dl. nach dem Bericht des Thomas von Spalatro p. 350. 356. Der Bericht über die Kämpfe

---

1) Vergl. Grünhagen 216. Augenzeugen wollen bei Oeffnung des Grabes Heinrichs gesehen haben, dass dieser wirklich am linken Fusse sechs Zehen gehabt habe.
2) Das hat Grünhagen 220 übersehen.
3) Nach dem, was wir überhaupt über die Benutzung der Bullen bei Dl. wissen, haben wir übrigens keine Nöthigung, diese in das J. 1241 zu setzen.
4) In: Bibliothek des Stuttg. lit. Vereins. Bd. 48, p. 388 ff.

zwischen Boleslaw von Liegnitz und Conrad von Masovien hat einige Aehnlichkeit mit dem der ann. Sil. comp. 540. Für das wohl nach einer Urkunde (die Gegenwart der drei Söhne Conrads und des Bischofs Andreas von Ploczk deutet darauf hin) berichtete Bündnisse zwischen Conrad von Masovien und Swantopolk von Pommern dürfte die Urkunde cod. dipl. Pol. 11, 2 n. 441 sprechen, wo Conrad dem Landmeister Heinrich von Wida verspricht, kein Bündniss mit Swantopolk einzugehen. Die von den Wölfen angerichteten Verheerungen in Ungarn und die schreckliche Hungersnoth, die in Folge der Verwüstung der Tartaren einbricht, melden auch die ann. Pol. I und IV, und Thomas Spalatinus p. 358. Der Einfall Conrads von Masovien in das Gebiet von Cracau ist zum Theil eine Wiederholung von p. 685 f. Die Erbauung einer Festung in Cracau erzählt Dl. wahrscheinlich nach einer Urkunde, worauf die genau angegebenen Grenzen hindeuten. Die Treue des Palatins Clemens findet eine Bestätigung in den ann. Sil. comp. 540 und in einer Urkunde bei Nakielski, Miechowia [1]).

Wir sehen: ein buntes Mosaik von Berichten, die aus den allerverschiedensten Quellen geschöpft sind. Von welchem Werthe die einzelnen Stücke des so zusammengesetzten Bildes sind, ist oft schwierig, manchmal unmöglich zu erkennen.

Mit dem folgenden Jahre (1242) wird zwar die Auflösung des Berichtes in seine zu Grunde liegenden Bestandtheile im Allgemeinen leichter und vollständiger möglich, allein es bleibt doch noch eine Reihe von Stellen übrig, für die ich die Quellen nicht habe finden können. Ich lasse eine Uebersicht derselben folgen. Zunächst kommen, wie in der Ueberschrift angedeutet, Polen und Schlesien in Betracht.

1242.

p. 692 ist der Bischofswechsel in Posen nach einer mir unbekannten Quelle angegeben, die auch später für die Posener Bischofsgeschichte benutzt erscheint. Das Todesdatum

---

1) Von Röpell a. a. O. p. 488 Anm. 2 angeführt.

des Bischofs Paul (31. März) ist übrigens falsch, da derselbe noch am 1. Oct. d. J. als Zeuge in einer Urk. auftritt [1]).

p. 692 f. Przemisl I. gründet ein Cistercienser Nonnenkloster in Owienska u. s. w. (cf. oben p. 118). Zuletzt bemerkt Dl., die zu seiner Zeit fungirende Aebtissin sei Catharina de Oborniki gewesen, die Tochter des Nicolaus Skora, aus dem Hause Habdank. — Die letzte Nachricht über die Aebtissin ist nicht mehr zu controliren. Möglicherweise hängt der (cod. dipl. Pol. II, 2 p. 853) zum J. 1433 als Zeuge angeführten Nicolaus de Korzecznik de clenodio Aeodancz mit dem oben genannten zusammen.

p. 693 f. Die Streitigkeiten Conrads von Masovien mit Boleslaw dem Schamhaften um den Besitz von Cracau scheinen aus einer verlorenen annalistischen Aufzeichnung zu stammen, deren Spuren wir vielleicht in den a. c. Cr. p. 598 und a. P. p. 634 vermuthen dürfen.

1243.

p. 696. Der Einfall der Preussen in das Gebiet von Ploczk ist sonst nirgend erwähnt.

1244.

p. 697. Conrad von Masovien verwüstet das Lubliner Land und einige bischöfliche Höfe im Gebiet von Sendomir. Von Kylcia wird das von den a. c. Cr. p. 598 bezeugt, das Uebrige ist wohl aus verlorenen Cracauer Annalen.

p. 698. Die Synode von Lencicz erwähnt Dl. allein.

— wird die Erzählung von dem Einfalle Conrads von Masovien in das Cracauer Gebiet wiederholt, ganz ähnlich wie auf p. 697.

p. 698 f. Die Preussen fallen in Masovien ein, werden aber von Herzog Conrad 13. Juli bei Cziechanon geschlagen, 900 fallen, 200 werden gefangen. Hier liegt offenbar eine verlorene historiographische Aufzeichnung zu Grunde.

1249.

p. 712 f. Wladislaw von Oppeln kauft Ratibor vom B. Bruno von Olmütz, der es erobert hatte, für 3000 Mark zu-

---

[1]) Damalewicz, Series archiepp. Gnesn. p. 637.

rück. Nur die Eroberung Ratibors findet eine Bestätigung in der Nachricht der a. Sil. sup. p. 553.

p. 713. Der Bischofs-Wechsel in Ploczk mag auf einem Bischofs-Katalog beruhen.

1250.

p. 719. Ueber den Salzfund in Bochna bei Cracau und die Errichtung einer Kirche daselbst vergl. die vita Cingae, A. SS. 24. Juli p. 695 f. Dass dieser vita eine ältere zu Grunde lag siehe ibid. p. 665.

1255.

p. 738. Vertrag zu Glogau zwischen Conrad, Boleslaw von Liegnitz und Heinrich von Breslau. Boleslaw wird gezwungen, Glogau an Conrad abzutreten. Hierüber fehlen andere Nachrichten.

1257.

p. 751 f. Für den Passus über Hyacinth vergl. dessen Leben A. SS. 16. Aug. p. 339 ff.

1258.

p. 754. Ueber die Heiligsprechung der h. Clara s. A. SS. 12. Aug. p. 754 ff.

1260.

p. 760 f. Der Rückzug der Tartaren und die Flucht Boleslaws nach Ungarn, Bischof Prandothas nach Ratibor und der Verdacht gegen Kasimir von Cujavien, dass er die Tartaren herbeigerufen, entbehren einer Bestätigung. Boleslaw floh übrigens nach der Angabe der a. S. Cr. Pol. p. 681 nach Siracz.

1263.

p. 769. Der Bischofs-Wechsel in Plocz ist falsch angegeben. B. Petrus III. lebte noch 1270 (cod. dipl. Pol. II, 1, 82). S. auch Stenzel, Urkk. z. Gesch. des Bisth. Breslau, p. 39.

1270.

p. 790 erwähnt Dl. eine Synode zu Siracz, von der sonst nichts bekannt ist.

p. 790 f. Der Bischofs-Wechsel in Plocz ist abermals falsch angegeben. Vergl. cod. dipl. Pol. II, 105, 624, 113.

p. 791. Die Festlichkeiten bei Gelegenheit des Besuches des Königs Stephan von Ungarn scheinen Ausschmückungen des Dl. zu sein.

1271.

p. 795. Die Nachricht über die Fortsetzung des Streites zwischen Boleslaw von Liegnitz und seinem Bruder Conrad wird sonst nirgend bestätigt.

— Für den Bischofs-Wechsel in Leslau schöpfte Dl. aus einer unbekannten Quelle.

— Ebenso entbehrt die Nachricht von dem Zusammenleben des B. Paul von Cracau mit einer Nonne einer Bestätigung.

1272.

p. 797. Von einer Lehnsabhängigkeit Mestwins v. Pommern von Boleslaw v. Grosspolen erfahren wir sonst nirgends etwas.

p. 797 f. Janussius' von Gnesen Tod und die Wahl des Probstes Philipp sind Originalnachrichten des Dl.

1273.

p. 802 f. Der Bischofs-Wechsel in Posen ist wahrscheinlich nach einem Katalog angegeben. Die Sedenz 9 Jahre ist indessen falsch. Nicolaus wurde erst 1268 eingesetzt, Theiner p. 82.

1274.

p. 803. Der Friede zwischen Wladislaw von Oppeln und Boleslaw von Cracau scheint nicht nach einer Urk. dargestellt.

1276.

p. 809. Die Sendung des Predigermönches Gottfrid nach Polen, sowie

p. 811 die Gefangennahme einiger Ritter durch Heinrich III. v. Breslau sind Originalnachrichten des Dl.

— Für die Nachricht über die Entfremdung von Glatz habe ich keine Bestätigung finden können.

1278.

p. 814 nennt Dl. den sogenannten Martinus Polonus einen Polen. Dagegen so Theiner 1, 85 und a. P. I, 642.

1279.

p. 828. Wlostiborius, electus der Gnesener Metropole wird durch Intriguen Lestkos des Schwarzen nicht bestätigt. Die Bulle Martin IV. (Theiner I, 88) gedenkt dieser Intriguen nicht, sondern spricht nur von einer freiwilligen Verzichtleistung des Wlostiborius.

1280.

p. 821 wird derselbe Bischofs-Wechsel in Plocz, wie p. 790 noch ein Mal erzählt.

1281.

p. 822 f. Die Streitigkeiten zwischen Heinrich IV. von Breslau und seinen Vettern werden hier allein berichtet.

1283.

p. 831. Przcislawa, Gem. Semovits v. Masovien stirbt II Id. April.; Conrad von Masovien verwüstet Gostinyn, und Sophia v. Masovien gebiert einen Sohn, Semovit. Alle drei Nachrichten entbehren der Bestätigung.

1285.

p. 836. Dl. nennt den B. Wlodimir v. Lebus auf der Synode zu Lancicz anwesend. Stenzel, Urkk. p. 186, wo die anwesenden Bischöfe aufgezählt werden, wird desselben nicht gedacht.

p. 837. Heinrich v. Breslau soll beim Pabste Martin IV. Absolution erwirkt haben. Vergl. dagegen die Bannbulle Honorius IV. bei Theiner I, 95.

1286.

p. 841 f. Die Russen und Litthauer erobern Sochaezow und Plock, eine Nachricht, die ich sonst nirgend habe finden können.

p. 842. Für den Bischofs-Wechsel in Posen scheint Dl. ausser a. P. p. 650 eine unbekannte Quelle benutzt zu haben.

1287.

p. 843. Die Rückeroberung Oloboks durch die Grosspolen scheint nach einer verlorenen Quelle berichtet zu sein. Die Thatsache wird bestätigt durch eine Urk. Przemisls II. v. Grosspolen vom J. 1292 (cod. dipl. Pol. p. 146).

p. 844 f. Lessko der Schwarze rüstet anscheinend für

einen Kreuzzug (was durch eine Bulle Honorius IV. v. 27. Juli 1285 bestätigt wird, s. Röpell p. 539, Anm. 6), wirft sich aber dann auf das Gebiet Hrz. Conrads v. Masovien, wovon alle älteren Quellen schweigen. Für die nach dem Einfall der Tartaren einbrechende Noth zieht Röpell p. 541, Anm. 11 eine Urk. aus Sczygielski, Tinecia p. 163 heran.
p. 848 beschreibt Dl. die Tartaren, wahrscheinlich nach einer brieflichen Aufzeichnung.

— Zemomisls von Cujavien Tod ist allein bei Dl. erwähnt, s. über den Werth der Angabe Röpell, p. 543, A. 14.

1288.

p. 848 f. Lessko v. Cracau schickt ein Heer gegen Conrad v. Masovien, das geschlagen wird;

p. 849. Zophia, Gem. Boleslaws v. Masovien stirbt.

p. 854 f. Die Unterstützung Wladislaws Lokietek bei seiner Flucht durch die Minoriten: diese drei Nachrichten lassen sich nicht mehr controliren. Dagegen scheint die Theilnahme Mestwins an dem Kriege gegen Heinrich v. Breslau entschieden von Dl. aus dem von ihm p. 797 erwähnten Lehnsverhältniss Mestwins zu Boleslaw von Grosspolen hinzu combinirt zu sein.

1292.

p. 865. Den Tod des B. Paul v. Cracau habe ich nicht controliren können.

— Ueber den Tod des B. Thomas von Breslau erfahren wir zwar sonst nichts, sehen aber aus der Urk. bei Sommersberg I, 859 n. 85, dass im J. 1292 Johannes B. war.

1294.

p. 876. Conrads von Masovien Todestag ist uns sonst nicht überliefert.

II. *Preussen, Pommern und Brandenburg.*

Für die Geschichte dieser Gebiete bringt uns Dl. in seinem VII. Buch nur wenige Beiträge, die nicht auf bekannten Quellennachrichten beruhen:

1255.

p. 739 schildert Dl. den „Ehrentisch". Ueber diesen s. Voigt, Gesch. Pr. Bd. 1, Beil. V. Unser Chronist scheint die Sitte des Ehrentisches aus anderen Nachrichten kennen gelernt und diese Kenntniss zur Ausschmückung seiner Darstellung benutzt zu haben.

1267.

p. 782. Der Zug der Preussen gegen Cziechanow und 1278.

p. 812 f. Der Einfall Boleslaws v. Kalisch und Mestwins von Pommern in das brandenburgische Gebiet werden uns sonst nirgend berichtet.

III. Russland und Lithauen.

Den grösseren Theil der Nachrichten über Russland und Lithauen in unserer historia Polonica haben wir auf polnische und preussische Quellen zurückführen können. Für die anderen bezüglichen Stellen scheint Dl. eine russische Vorlage gehabt zu haben. Dass er der russischen Sprache mächtig war, geht aus der mehrfach erwähnten vita hervor. Dass aber die Chronik des Ipatie-Klosters [1]) in unser Geschichtswerk direkt übergegangen ist, wie Bestuschew-Rjumin vernimmt [2]), scheint keineswegs ganz sicher. Ein Mal sind des Dl. Nachrichten an einigen Stellen vollständiger, als die Ipatie-Chronik überliefert. Dann ist auch die Uebereinstimmung beider Aufzeichnungen nicht so gross, dass man genöthigt wäre, ein direktes Verhältniss anzunehmen. Da aber das Bindeglied verloren gegangen zu sein scheint, müssen wir uns begnügen, die betreffenden Stellen mit der Ipatie-Chronik zu vergleichen.

---

[1]) Vollst. Samml. russ. Chron. II, 1 ff.
[2]) „Ueber die Composition der russ. Chroniken" in: Annalen der archäologischen Commission p. 64 f. Ich gebe die Titel in deutscher Uebers.

Diese wolynische Aufzeichnung scheint für die zweite Hälfte des 13. Jahrh. gleichzeitig zu sein, doch ist sie dennoch nicht ganz frei von chronologischen Irrthümern, was übrigens zum Theil Schuld der Hdschr. sein [1]).

1243.

p. 694 werden Lithauer und Jatwägen als Verbündete Conrads v. Masovien genannt: vielleicht eine gehässige Ausschmückung des Chronisten. Wenigstens zeigt derselbe Herzog sich einige Jahre später, Winter 1246—1247, den Jatwägen entschieden feindlich. S. Sjögren: „Ueber die Wohnsitze der Jatwägen" in: Mém. de l'acad. de St. Pétersb. Ser. VI, Tom. IX p. 170 f.

1246.

p. 705. Für die Nachricht von der Verwüstung Sendomirs und der Stadt Opathow ist uns die Quelle verloren gegangen.

p. 705 f. [2]) erzählt uns Dl. die Krönung des russischen Fürsten Daniel. — Die Jahreszahl ist entschieden falsch; die Ipatie-Chronik [3]) bringt diese Nachricht erst zum Jahre 6763 = 1255 [4]). Die Fassung des Berichtes hat indessen einige Aehnlichkeit.

1252.

p. 723 [5]) stimmt der Bericht des Dl. über die Krönung Mendogs von Lithauen merkwürdigerweise viel mehr mit der älteren Hochmeisterchronik (SS. r. Pr. III, 555 f.) überein, als mit der Ipatie-Chronik p. 187 ff. S. zur Sache Engelmann, Chronol. Forsch. in: Mitth. a. d. Geb. der Gesch. Liv-, Ehst- und Kurlands Bd. IX, p. 284 ff. und SS. r. Pruss. II, 134 ff. Vergl. auch Bonnell, Russisch-livl. Chronographie, Commentar., p. 83.

---

[1]) S. die Einl. Vollst. Samml. a. a. O. p. VIII.
[2]) Claritatem — successoribus pariturum.
[3]) Vollst. Samml. Russ. Chron. II, 191.
[4]) Karamsin, Gesch. Russl. Uebers. nach der II. Ol. Th. 4. p. 43 berechnet das Jahr 1253 oder 1254.
[5]) Mendog — consecraverat.

1255.

p. 738 [1]) wird die Krönung Mendogs für das J. 1255 noch ein Mal angeführt. Der Einfall in das Lubliner Land wird sonst nicht berichtet [2]). S. die vor. Note z. J. 1252.

1258.

p. 754 [3]) berichtet Dl. von einem Einfall Stroinats von Lithauen in Masovien, der sonst nirgend erwähnt wird. Vergl. Sjögren p. 302 f.

1263.

p. 769 [4]), wo von der Ermordung Mendogs gehandelt wird, ist zu vergleichen mit der Ipatie-Chron. p. 201; aber auch hier scheint keine sehr nahe Verwandtschaft zwischen unserer und der russischen Chronik zu bestehen.

1264.

p. 770 f. bilden die a. P. 636 f. und a. c. Cr. 601 die Hauptgrundlage des Berichtes. Wo Dl. die Nachrichten über die kriegerischen Eigenschaften der Jatwägen her hatte, vermag ich nicht zu bestimmen.

p. 772 finden wir bei der Erzählung von der Ermordung Stroinats (cf. a. c. Cr. 601) die Spur einer russischen Quelle. Die Ipatie-Chronik berichtet nehmlich p 201 allein von dem Eintritt Woyschalks in ein russisches Kloster.

1269.

p. 786 stammt die Nachricht von dem Einfalle der Lithauer in Masovien aus einer unbekannten Quelle.

1279.

p. 819 [5]). Die Heirath Boleslaws von Masovien mit der Sophie von Lithauen habe ich sonst nicht erwähnt gefunden.

1285.

p. 840 [6]) erzählt Dl. von einem Kriege Boleslaws von Masovien mit den Russen, ohne dass in seinen bekannten

---

[1]) Mendog — expctebant.
[2]) S. Sjögren a. a. O. p. 218.
[3]) Stroinatus — impietatem.
[4]) Propitiaturus — princlpatum.
[5]) Boleslaus — civitate egit.
[6]) Boleslaus — Russiam referunt.

Quellen etwas davon steht; die Ipatie-Chronik berichtet etwas Aehnliches zum J. 6790 = 1282, p. 211.

1287.

p. 844 [1]). Ein Einfall der Lithauer in das Dobriner Land wird zu diesem J. in anderen Aufzeichnungen nicht erwähnt.

p. 846 f. Der Einfall der Tartaren wird, wie es scheint, mit Benutzung der a. S. Cr. Pol. 682, des Drz 33 und einer russischen Aufzeichnung geschildert. Doch reichen die kurzen Nachrichten der Ipatie-Chronik p. 213 zur Erklärung nicht aus.

1288.

p. 849 [2]). Die Schilderung der Pest in Russland findet zu diesem Jahre keine Bestätigung. Die Ipatie-Chronik p. 212 erzählt zum J. 1283 von diesem von Gott als Strafe gesandten Unglück, aber Nichts von einer Wasservergiftung durch die Tartaren.

IV. *Universalgeschichte.*

Bei den Notizen, die uns Dl. zur Universalgeschichte bringt, fehlt es verhältnissmässig selten an der erklärenden Vorlage. Einiges, was mit letzterer nicht übereinstimmt, werden wir auf Rechnung bei der Ausgabe noch nicht benutzter Handschriften des Ptolemäus v. Lucca und des Martinus Polonus schreiben dürfen; Anderes kann nur durch jetzt nicht mehr zu entwirrende Missverständnisse entstanden sein. Denn es scheint gewiss, dass Dl. für die universalhistorischen Nachrichten aus keiner dritten Quelle schöpfte; nur die beiden genannten Weltchroniken und einige päbstliche Bullen haben ihm zu Gebote gestanden. Ich führe die einzelnen hier in Betracht kommenden Nachrichten der Zeit nach auf, ohne, wenigstens in den meisten Fällen, einen Erklärungsversuch hinzuzufügen.

---

[1] Dobrzinensem — millia.
[2] Ingens — fastiditus.

1244.

p. 699: Das Herabkommen des Templerordens.

p. 705: Die Canonisation Edmunds von England und der Thronwechsel in Deutschland.

p. 706: Die Sendung der Prädicatoren-Mönche von Seiten des Pabstes an die Tartaren. Vergl. a. P. 1244.

p. 713: Die Kreuzzüge Ludwigs von Frankreich stimmen merkwürdigerweise nicht mit den Berichten bei Ptolemäus und Martinus, sondern mit dem der Jüngern HM-Chronik überein.

1249.

p. 713: Die Wahl Wilhelms von Holland.

1250.

p. 717: Die Nachrichten über Petrus von Vinea.

1251.

p. 722: Des Pabstes Innocens Uebersiedelung von Lyon nach Perusia.

1256.

p. 745: Die Gegenwahlen Alfons' von Castilien und Richards von Cornwallis.

Nachträge.

Zu p. 50 ist die vita des h. Stanislaus als letzte aufzuführende Quelle bezeichnet. Herr Prof. Zeissberg in Innsbruck hatte, als der Druck vorliegender Arbeit schon beinahe beendet war, die Güte, mir Mittheilung von drei unedirten Viten zu machen, die sich in der Chigischen Bibliothek befinden, und offenbar auch von Dl. benutzt sind. Ich lasse die betreffende Stelle hier wörtlich folgen:

„Die Chigische Bibliothek zu Rom nämlich besitzt eine noch nicht edirte vita Jacconis, in welche es mir möglich war für meine Arbeit Einsicht zu nehmen. Ich ersah daraus, dass Dl. l. 7. p. 751. C. D. für Jackos Tod daraus geschöpft hat. Dies ergiebt sich nicht blos aus dem Inhalt der vita, sondern auch aus mit derselben übereinstimmenden Ausdrücken bei Dl. wie: post multos lab. et opera =- (vita) post labores diuturnos, quos circa salutem animarum operatus fuerat et post multorum miraculorum operacioni (sic). Auch das J. 1257 ist dieser Quelle entlehnt, so wie das Gesicht der Nonne von Zwierzyniec Bronislawa (sic) nicht Sromislava und das Wunder zu Wyscegorod die Namen seiner drei Genossen Fl. G. und B., endlich selbst die Phrase: (vita): „„„cujus felicem transitum dignatus est deus innumeris prodigiis decorare et sanctitatem vite eius approbare.""" Zweitens. Ich selbst (Z.) war so glücklich, die vitae Salomeae u. Kingae in einigen HSS. wieder aufzufinden, von denen Dlugosch die letzte in seiner vita Kynge seu Cunigunde paraphrasirt, also gekannt hat. Ich gebe über die HSS. in meinem Buche nähere Auskunft. Dl. hat beide vitae auch in l. VII benutzt, die vita Salomeae p. 784 D., wo die Worte „„„Animam ... virgula"'" dieser Quelle entstammen, die vita Kynge: p. 817. 818 namentlich 818 A. „"Ducissa... B. studia."'" 847 C. „"Sub quo ... relicta cum."'" „"monialium ... D. restringente."'" D. „"Terris ... 848 A. numerata."'" „"856 A. Germanum ... 857 C. verteretur,"'" wo aber daneben ann. Pol. I, III, IV oder eine denselben verwandte Quelle für die Zeitbestimmung sowie für den Ortsnamen Chroberz benutzt ist, endlich 863 B. „"Magna... monstrata est."'"

Zu p. 70 fehlt die Notiz bei p. 732 (Dl.) [1]): Die päbstliche Bestätigung der Gründung des Klosters Staniatki findet sich in der Bulle Innocens' IV. v. 17. April 1253. R. et M. Cod. dipl. Pol. Tom. III. (ed. Bartoszewicz) p. 389. Die Beinamen des Grafen Clemens sind willkürlich erfunden. Klimuntow wurde 1259 von der Wittwe des Grafen (zurück?) gekauft, ibid. p. 78. Ihr Name findet sich ibid. p. 84. Es ist also nicht nöthig anzunehmen, Dl. habe das Grabmal des Ehepaares gesehen, wie es in der Chronik den Anschein hat.

Zu p. 75: Folgende 3 noch unbekannte Urkundenregesten sind mir aus Preussen zugegangen:
1264.
1) Kal. Febr. Culmense. Anselm, Bischof von Ermland, päbstlicher Legat bestätigt und genehmigt den Uebertritt des Kulmischen Domcapitels in den deutschen Orden.
Original in Königsberg auf Pergament, Siegel defect.
2) IV Non. April. Culm. Anno v. Sangershausen, Hochmeister des deutschen Ordens verleiht den Dominikanern für ihre Verdienste um Preussen und Livland einen Platz in Thorn am Mühlenbach.
Beglaubigte Abschr. auf Papier v. 1595 in Thorn.

---

[1]) Innocentius — requiescunt.

1274.

3) V... Nov. ap. Ausam. Johann, Erzbischof von Riga, genehmigt, dass das Culmer Domcapitel Regel und Kleid des deutschen Ordens angenommen, um ihrer Kirche dadurch einen nachhaltigen Schutz gegen feindliche Angriffe zu verschaffen.

Or. auf Perg. in Kgsb. Der untere Theil sehr durch Moder beschädigt. Siegel abgefallen.

Druckfehler.

S. 4 Z. 11 v. u. l. Herda st. Herder
— 5 — 3 — l. Dobromilschen st. Dobromdschen
— 5 — 11 v. o. l. Korczyn st. Rorczyn
— 6 — 5 — l. nachdem st. vordem
— 8 — 12 — l. Sirenen st. Syrenen
—10 — 1 v. u. l. p. 76 ff. st. p. 121 ff.
—11 — 14 — l. Wenceslao st. Wenceslai
—11 — 10 — l. Lokietek s Lokintek
—11 — 9 — l. diesem st. diesen
—12 — 1 — l. Jeroschin st. Jaroschin; und p. 53 st. p. 83.
—13 — 2 — l. Rzyszewski s. Czyszewski
—16 — 4 v. o. l. Roszprzam st. Koszprzam
—16 — 9 — l. Roszprzam st. Kosprzam
—16 — 10 — l. vocatur st. vocatus
—17 — 19f. v. u. l. captivaverat st. captivaverant
—41 — 2 v. o. l. p. 11 f. st. p. 6 ff.
—49 — 5 — fehlt nach v. H. die Zahl 44.
—51 — 7f. — l. Kylciensi st. kyleicnsi
—52 — 6 v. u. l. p. 58 st. p. 00.
—52 Zwischen Text und Anm. fehlt ein Strich, der nächste Absatz p. 53 behandelt etwas Neues: die ann. Silesiae superioris
—54 — 10 — l. Hochmeisterchronik st. Reimchronik
—56 — 15 — l. Bergfridt st. Bergfrids
—59 — 8 v. o. l. Gniew st. Ohniew
—59 — 13 — fehlt nach „bekannt": wir wissen nicht einmal,
—68 — 2 v. u. l. Grünhagen st. Grimhagen
—70 — 12 v. o. fehlt nach s. oben p.: 43.
—71 — 4 — l. p. 70 st. p. 109.
—72 — 2 — l. Pelplin st. Polzlin
—72 — 1 v. u. l. Blonic st. Blonin
—75 — 6 v. o. fehlt nach „ebenso" ein Punkt zum Colon
—77 — 11 v. u. l. Bathi st. Bethi
—77 — 7f. — l. Koprziwice st. Koprziwaile
—78 — 6 — l. p. 52 st. p. 80 f.
—82 — 19f. — l. Nakielski, Miechovia st. Stakielski, Milchowia
—83 — 4 v. o. l. p. 74 st. p. 118.
—83 — 7 v. u. l. Cziechanov st. Cziechanon
—85 — 1 — l. s. st. so
—86 — 14 v. o. l. Gostinyn st. Zostinyn
—86 — 11 v. u. l. Sochaczow s. Sochaczow
—88 — 7 v. o. muss nach Cziechanow ein Punkt folgen st. des „und"
—88 — 12f. v. u. l. vermuthet st. vernimmt
—88 — 10f. — l. Ipatie st. Igatie
—88 — 6 — l. — — —
—89 — 4 v. o. fehlt nach „sein": mag
—89 — 3 v. u. l. II A st. II Ol.